GRAMMAIRE

DE

LA MUSIQUE

GRAMMAIRE

DE

LA MUSIQUE

PAR

ALEX. BISSON ET TH. DE LAJARTE

PARIS

A. HENNUYER, IMPRIMEUR-ÉDITEUR

31, RUE LAFFITTE, 31

1880

TABLE DES MATIÈRES

PREMIÈRE PARTIE
PRINCIPES ÉLÉMENTAIRES.

SOLFÈGE.

DEUXIÈME PARTIE

PRINCIPES COMPLÉMENTAIRES.

SOLFÈGE.

AVERTISSEMENT

Nous avons extrait cette *Grammaire de la musique* d'un ouvrage intitulé : *Petite Encyclopédie musicale*, dont elle forme les deux *premières parties*. Cette *Grammaire* contient tous les principes de musique que l'on enseigne dans les écoles, les collèges et les lycées, et dont la connaissance est indispensable aux membres des Sociétés vocales et instrumentales, aux chanteurs, pianistes, etc.

Il existe déjà de nombreux traités de musique. Notre but, en composant celui-ci, a été de mettre véritablement l'art musical *à la portée de tous* par la clarté de l'enseignement et la simplicité de la méthode.

Quant aux personnes qui, ne se contentant pas de ces notions élémentaires, voudront, soit apprécier une œuvre musicale, l'analyser et en détailler les beautés, soit s'exercer elle-mêmes à la composition et à l'instrumentation, soit enfin étudier la musique dans ses développements et ses progrès jusqu'à nos jours, elles trouveront, réunis dans les deux volumes de notre *Petite Encyclopédie*, tous les renseignements et toutes les indications nécessaires.

GRAMMAIRE
DE LA MUSIQUE

NOTIONS PRÉLIMINAIRES.

Définition de la musique. — La *musique* est l'art de combiner les sons, de même que le langage est l'art de combiner les mots.

La musique est une langue véritable qui possède, comme toutes les autres langues, son alphabet, sa grammaire, ses règles de composition, etc.

Division de cet ouvrage. — L'apprentissage d'une langue quelconque se divise en différents points. On étudie :

1° L'*alphabet*, qui renferme les lettres, avec lesquelles on forme les mots ;

2° La *grammaire*, qui enseigne la manière correcte d'assembler les mots pour construire les phrases ;

3° Les *règles particulières* (style, rhétorique, poétique, etc.), qui président à la *composition* des différentes œuvres et des différents genres littéraires ;

4° Enfin, l'*interprétation* des auteurs, suivant les préceptes de la prononciation, de la lecture à haute voix, de la déclamation, etc.

Ces quatre degrés se retrouvent également dans l'enseignement de la langue musicale, qui se divise en quatre parties :

I. L'*alphabet musical* ou *principes élémentaires.*

II. La *grammaire musicale* ou *principes complémentaires.*

III. La *composition.*

IV. L'*exécution.*

Nous ne nous occuperons, dans ce petit traité, que des deux premières parties. Nous les compléterons par un *Vocabulaire* dans lequel se trouvent définis les principaux termes usités en musique et qui n'auront pas été expliqués dans le cours de cet ouvrage.

PREMIÈRE PARTIE

PRINCIPES ÉLÉMENTAIRES.

Notation. — La *notation* est à la musique ce que l'écriture est au langage parlé. Elle représente à l'œil et à l'intelligence, par un ensemble de *signes* déterminés, la valeur des sons.

Division des sons. — Les sons peuvent :

1° Être aigus ou graves ;

2° Être prolongés plus ou moins longtemps ;

3° Servir à interpréter tels ou tels sentiments.

Division des signes. — De là, trois sortes de *signes*, pour représenter ces trois sortes de sons :

1° Les *signes d'intonation ;*

2° Les *signes de durée ;*

3° Les *signes d'expression.*

CHAPITRE I.

SIGNES D'INTONATION.

Signes d'intonation. — Les *signes d'intonation* servent à indiquer la *gravité* ou l'*élévation* des sons.

Il y a quatre espèces de signes d'intonation :

1° Les *notes ;*

2° La *portée ;*

3° Les *clefs ;*

4° Les *accidents.*

Nous allons étudier successivement leur signification et leur importance.

§ 1. Des notes.

Notes. — De même que l'*écriture* se sert de *vingt-quatre lettres,* qui forment *tous les mots,* de même la *notation musicale* emploie *sept notes,* qui, par leurs combinaisons et leurs successions, représentent *tous les sons.*

Ces sept notes sont : *Ut* ou *Do, Ré, Mi, Fa, Sol, La, Si.*

Gamme. — L'ensemble des vingt-quatre lettres de l'écriture se nomme *alphabet;* l'ensemble des sept notes de la notation s'appelle *gamme.*

Intervalle. — On appelle *intervalle* la distance qui sépare deux notes de la gamme.

Intervalle conjoint. — Si ces deux notes se suivent dans l'ordre qu'elles occupent dans la gamme, l'*intervalle* qui les sépare est dit *conjoint.* Exemple :

Intervalles conjoints :
  Do — Ré.
  Fa — Sol.
  Sol — La.

Intervalle disjoint. — Dans le cas contraire, l'*intervalle* est appelé *disjoint.* Exemple :

Intervalles disjoints :
  Do — Mi.
  Ré — La.
  Sol — Si.

Gammes montantes et descendantes. — La gamme peut être *montante* ou *descendante.* Exemple :

Gamme montante :

Do, Ré, Mi, Fa, Sol, La, Si, Do (1).

Gamme descendante :

Do, Si, La, Sol, Fa, Mi, Ré, Do (1).

---

(1) Cette dernière note *do* est le commencement d'une seconde gamme; mais on la joint à la première, parce qu'elle satisfait l'oreille en formant repos.

Gammes montantes successives :

Do, Ré, Mi, Fa, Sol, La, Si, Do, Ré, Mi, Fa, Sol, La, Si, Do, Ré, etc.
1re gamme. 2e gamme. 3e gamme.

Gammes descendantes successives :

Do, Si, La, Sol, Fa, Mi, Ré, Do, Si, La, Sol, Fa, Mi, Ré, Do, Si, La, etc.
1re gamme. 2e gamme. 3e gamme.

Gamme montante et descendante :

Do, Ré, Mi, Fa, Sol, La, Si, Do, Si, La, Sol, Fa, Mi, Ré, Do.

Tons et demi-tons. — Si l'on chante, dans leur ordre, les notes de la gamme :

Do, Ré, Mi, Fa, Sol, La, Si, Do,

on s'aperçoit facilement que l'intervalle conjoint, qui sépare chaque note de la note qui la suit, n'est pas le même partout.

Ainsi les deux intervalles conjoints, qui séparent le *mi* du *fa* et le *si* du *do*, sont de moitié moins grands que les cinq autres intervalles conjoints de la gamme.

La gamme naturelle est donc composée de *sept* intervalles conjoints, dont *cinq* grands appelés *tons* et deux petits appelés *demi-tons*, disposés ainsi qu'il suit :

DO — RÉ — MI — FA — SOL — LA — SI — DO
1 ton 1 ton 1/2 ton 1 ton 1 ton 1 ton 1/2 ton

Comme la gamme est une véritable *échelle musicale*, dont les notes sont les *degrés*, on voit, d'après ce qui précède, que :

Entre le 1er et le 2e degré DO — RÉ, il y a un ton,
— 2e et le 3e — RÉ — MI, — un ton,
— 3e et le 4e — MI — FA, — un demi-ton,
— 4e et le 5e — FA — SOL, — un ton,
— 5e et le 6e — SOL — LA, — un ton,
— 6e et le 7e — LA — SI, — un ton,
— 7e et le 8e — SI — DO, — un demi-ton.

Dans la gamme naturelle, les deux demi-tons se trouvent donc placés entre le troisième et le quatrième degré et entre le septième et le huitième.

Observation importante. On peut construire autant de gammes différentes qu'il y a de notes dans la gamme, en prenant chacune de ces notes comme *note fondamentale*. Exemple :

Prenant l'*ut* ou *do* comme *note fondamentale*, on obtient la *gamme d'ut*, ou le *ton d'ut* :

Ut, Ré, Mi, Fa, Sol, La, Si, Ut.

Prenant le *ré* comme *note fondamentale*, on obtient la *gamme de ré*, ou le *ton de ré* :

Ré, Mi, Fa, Sol, La, Si, Ut, Ré.

Le *mi*, comme *note fondamentale*, donne la *gamme* ou le *ton de mi* :

Mi, Fa, Sol, La, Si, Ut, Ré, Mi, etc.

Dans la *seconde partie* de ces *principes élémentaires*, nous nous occuperons spécialement de ces différents *tons* ou *gammes*.

La *gamme d'ut* est le *type* et le *modèle* de toutes les autres gammes. C'est pour cela que nous nous servirons spécialement d'elle dans nos exemples, les principes que nous établirons s'appliquant également aux autres gammes.

§ 2. De la portée.

Portée. — Pour écrire les notes de la gamme, on se sert de cinq lignes horizontales et parallèles, dont l'ensemble s'appelle *portée*. Exemple :

C'est par leur position sur cette *portée* que les *notes* indiquent la *gravité* ou l'*élévation* des sons qu'elles représentent.

Lignes et interlignes. — L'espace compris entre les lignes de la portée se nomme *interligne*. Il y a donc, dans la portée, cinq *lignes* et quatre *interlignes*, qui se comptent de bas en haut. Exemple :

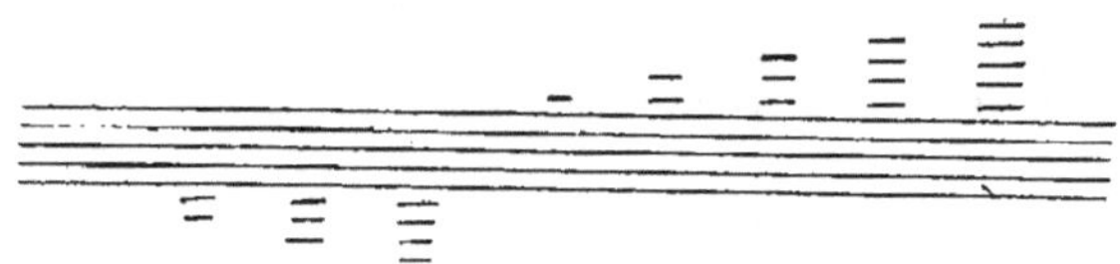

Lignes supplémentaires. — Ces cinq *lignes* et ces quatre *interlignes* ne suffisant pas à toutes les notes que l'on peut avoir à écrire, on ajoute *au-dessus* et *au-dessous* de la portée, suivant le besoin, des lignes *supplémentaires*, mais on ne leur donne que la longueur nécessaire à chaque note, afin d'éviter la confusion qui résulterait forcément d'un trop grand nombre de lignes entières. Exemple :

Position des notes. — Les notes se placent *sur* les lignes et *dans* les interlignes de la portée, ainsi que *sur* les lignes et *dans* les interlignes supplémentaires. Exemple :

§ 3. Des clefs.

Chaque point noir placé sur la portée ci-dessus représente une des sept notes de la gamme; mais laquelle de ces notes représente-t-il?

Clefs. — Pour être fixé à cet égard, on a imaginé des signes particuliers appelés *clefs*, qui se placent au commencement de la portée.

Différentes sortes de clefs. — Il y a trois sortes de *clefs* :

La clef de sol :

La clef de fa :

La clef d'ut :

Toutes les notes placées sur la même ligne qu'une clef prennent le nom de cette clef. Ainsi :

Les notes placées sur la même ligne que la clef de sol s'appellent *sol*.

Les notes placées sur la même ligne que la clef de fa s'appellent *fa*.

Les notes placées sur la même ligne que la clef d'ut s'appellent *ut* (ou *do*, pour la musique vocale).

Position des clefs. — La clef de *sol* se place sur la deuxième ligne de la portée; la clef de *fa* se pose sur la quatrième ligne; la clef d'*ut* se pose ordinairement sur la troisième ligne. Exemple :

Sachant le nom de la note placée sur la *même ligne* que la *clef*, nous connaissons, par là même, le nom de chacune des notes placées sur les autres lignes. Exemple :

Définition de la clef. — La *clef* est donc un signe placé au commencement de la portée et au moyen duquel, connaissant le nom d'une note, on connait, par là même, le nom de toutes les autres.

Nota. — Il existe encore d'autres façons de placer ces trois clefs.

Ainsi la clef de sol se place quelquefois sur la première ligne, la clef de fa sur la troisième ligne, la clef d'ut sur les première, deuxième et quatrième lignes.

Nous étudierons ces diverses positions lorsque nous traiterons de la *transposition*.

§ 4. Des accidents.

Nous avons vu précédemment que la gamme naturelle contient cinq tons et deux demi-tons.

Accidents. — Chacun de ces cinq tons peut être divisé en deux demi-tons au moyen de signes particuliers appelés *accidents* ou *signes d'altération*.

Différentes sortes d'accidents. — Il y a trois sortes d'accidents :

Le dièse ♯,

Le bémol ♭,

Le bécarre ♮.

Dièse. — Le *dièse* ♯ élève d'un demi-ton la note devant laquelle il est placé.

Bémol. — Le *bémol* ♭ abaisse d'un demi-ton la note devant laquelle il se trouve.

Bécarre. — Enfin on emploie le bécarre ♮ pour remettre dans son état *naturel* une note précédemment *altérée* par un # ou un ♭. Exemple :

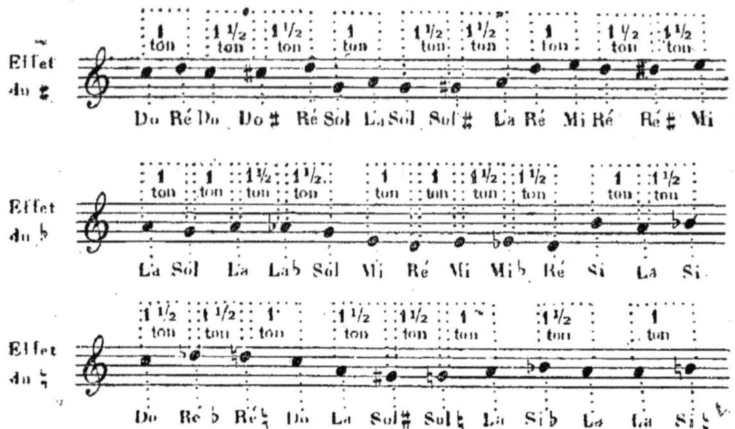

Le # et le ♭ peuvent être *constitutifs* ou *accidentels*.

Dièse et bémol constitutifs. — Ils sont *constitutifs* lorsqu'ils se trouvent placés au commencement de la portée, immédiatement après la clef. Ils ont alors une influence permanente sur tout le morceau et ils altèrent toutes les notes placées sur les mêmes lignes qu'eux, à quelque octave qu'elles se trouvent. Exemples :

Dans l'exemple n° 1, les dièses *constitutifs* étant placés sur les lignes ou interlignes du *fa*, du *do* et du *sol*, tous les *fa*, tous les *do* et tous les *sol* du morceau se trouvent par là même haussés d'un demi-ton.

L'exemple n° 1 doit donc s'exécuter comme s'il était écrit de cette manière :

Dans l'exemple n° 2, les bémols *constitutifs* étant placés sur les lignes ou interlignes du *si*, du *mi* et du *la*, tous les *si*, tous les *mi* et tous les *la* du morceau se trouvent baissés d'un demi-ton.

L'exemple n° 2 doit donc s'exécuter ainsi :

Dièse et bémol accidentels. — On nomme bémols *accidentels* ceux qui, ne se trouvant pas placés après la clef, se rencontrent *momentanément* devant une note, dans le cours du morceau. Ils altèrent alors non-seulement la note qu'ils précèdent, mais encore *toutes* les notes *de même nom*, qui sont placées entre les mêmes *barres de mesure* que la note altérée (1). Exemple :

Cet exemple doit s'exécuter comme s'il était écrit ainsi :

Bécarre. — Le bécarre n'est qu'accidentel.

Cependant, lorsqu'un morceau de musique se divise en plusieurs parties, on trouve souvent un ou plusieurs bécarres au commencement d'une ou de plusieurs de ces parties. Dans ce cas, ce ou

---

(1) Nous verrons au chapitre suivant. section III, p. 21. l'explication de la barre de mesure.

ces bécarres annulent complètement un ou plusieurs dièses ou bémols *constitutifs* qui se trouvent dans la partie précédente.

Double dièse et double bémol. — On emploie aussi, mais rarement, le *double dièse* ♯♯ ou ✕ et le double bémol ♭♭.

Ils se placent devant une note déjà altérée par un ♯ ou un ♭ et ils élèvent ou abaissent encore cette note d'un demi-ton.

Le ♮, placé devant un ♯♯ ou un ♭♭, détruit l'un de ces accidents et n'en laisse plus subsister qu'un seul.

Gamme diatonique.—La gamme naturelle, composée, comme nous l'avons vu, de cinq tons et deux demi-tons, s'appelle aussi *gamme diatonique*. Le mot *diatonique* signifie *qui procède par tons*.

Nous savons que chaque ton de cette gamme peut être divisé en deux demi-tons au moyen du ♯ ou du ♭.

Gamme chromatique. — Si nous composons une gamme procédant, non plus par tons et demi-tons, mais par *demi-tons seulement*, nous aurons ce qu'on appelle une *gamme chromatique*.

La gamme chromatique peut s'obtenir à l'aide de dièses ou de bémols indifféremment. Cependant, le plus ordinairement, la gamme chromatique *montante* s'écrit par dièses, et la gamme chromatique *descendante* s'écrit par bémols. Exemple :

Ces deux gammes procèdent par des demi-tons de deux sortes différentes : les demi-tons *diatoniques* et les demi-tons *chromatiques*.

Demi-ton diatonique. — Le demi-ton *diatonique* est celui qui est composé de deux notes appartenant à la gamme naturelle ou diatonique. Exemple (pour la gamme d'*ut*) :

Mi — Fa, Si — Do.

Demi-ton chromatique. — Le demi-ton *chromatique* est celui dans la composition duquel il entre une ou deux notes étrangères à la gamme naturelle ou diatonique. Exemple (pour la gamme d'*ut*) :

Do — Do ♯, Si — Si ♭, La ♯ — La, Mi ♯ — Sol ♭.

CHAPITRE II.

DES SIGNES DE DURÉE.

Dans tout morceau de musique, soit vocale, soit instrumentale, les voix et les instruments ne se font pas toujours entendre. Ils observent des *repos* fréquents.

C'est que la musique se compose tout à la fois de *sons* et de *silences*.

Comment représente-t-on la durée des uns et des autres ? Par deux sortes de signes :

Durée positive. — 1° Les signes de *durée positive*, qui représentent la durée des *sons ;*

Durée négative. — 2° Les signes de *durée négative*, qui représentent la durée des *silences*.

SECTION I.

Signes de durée positive.

Formes, figures ou valeurs de notes. — Par leur position sur la portée, les notes indiquent la gravité ou l'élévation des sons ; par leurs *formes*, elles en indiquent la *durée*.

Il y a sept *formes*, *figures* ou *valeurs* des notes :

La *Ronde* .... **o**, qui dure autant que 2 Blanches.

La *Blanche* .... ♩,   —   — 2 Noires.

La *Noire* .... ♩,   —   — 2 Croches.

La *Croche* .. . . ♪   —   — 2 Doubles Croches.

La *Double Croche* ..... qui dure autant que 2 Triples Croches.

La *Triple Croche* ......   —   — 2 Quadruples Croches.

La *Quadruple Croche* .. (1).

On voit que, dans ce tableau, chacune des sept figures de notes a une valeur double de celle qui la suit et, par conséquent, moitié de la valeur de celle qui la précède.

Par le tableau suivant, on se rendra compte du rapport qu'ont entre elles les différentes valeurs de notes.

La ○ vaut 2 ♩ ou 4 ♩ ou 8 ♪ ou 16 ♬ ou 32 ♬ ou 64 ♬

La ♩ vaut 2 ♩ ou 4 ♪ ou 8 ♪ ou 16 ♬ ou 32 ♬

La ♩ vaut 2 ♪ ou 4 ♪ ou 8 ♪ ou 16 ♬

La ♪ vaut 2 ♪ ou 4 ♬ ou 8 ♬

La ♪ vaut 2 ♬ ou 4 ♬

La ♬ vaut 2 ♬

---

(1) NOTA. Les queues des notes se placent indifféremment en haut ou en bas :

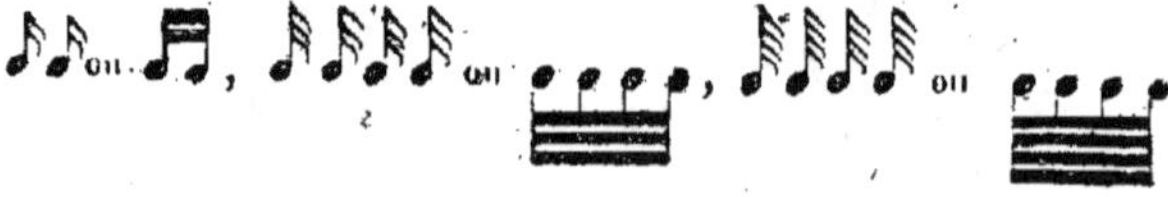

Lorsque deux ou plusieurs croches, doubles croches, triples croches ou quadruples croches se suivent, on peut les écrire de cette façon :

Par conséquent, si la ♪ vaut 1,

La ○ vaudra 4 ;

La 𝅝 — 2 ;

La 𝅘𝅥 — $\frac{1}{2}$;

La 𝅘𝅥𝅮 — $\frac{1}{4}$;

La 𝅘𝅥𝅯 — $\frac{1}{8}$;

La 𝅘𝅥𝅰 — $\frac{1}{16}$.

Valeurs binaires. — Comme on le voit, toutes ces *valeurs* sont divisibles par deux. Aussi les a-t-on appelées *valeurs binaires* (du latin *bis*, qui signifie *deux fois*).

Valeurs simples. — Les valeurs *binaires* sont encore nommées valeurs *simples*, par opposition aux valeurs *composées*.

Valeurs composées. — Les valeurs *composées* s'obtiennent en ajoutant un point · après les valeurs simples ou binaires.

Du point. — Le point ·, placé après une valeur simple, augmente cette valeur de moitié. Par conséquent :

La ronde pointée ○· vaut 3 blanches, au lieu de 2 ;

La blanche pointée 𝅘𝅥· vaut 3 noires, au lieu de 2 ;

La noire pointée ♪· vaut 3 croches, au lieu de 2, etc.

Le point · pouvant se placer après chacune des sept valeurs *simples*, il en résulte qu'il y a également sept valeurs *composées*.

La même proportion qui existe entre les valeurs *simples* existe aussi entre les valeurs *composées*, seulement celles-ci ne sont

2*

pas divisibles par *deux*, mais par *trois*, nous venons de le voir.

La ♩· vaut donc ♪ ♪ ♪

La ♩· vaut donc ♫ ♫ ♫

Valeurs ternaires. — C'est pour cela que les valeurs *composées* sont également nommées valeurs *ternaires* (du latin *ter*, qui signifie *trois fois*).

Les valeurs de notes se divisent donc en *valeurs simples* ou *binaires*, et en valeurs *composées* ou *ternaires*.

Ces notions bien comprises faciliteront beaucoup l'intelligence de la section III de ce chapitre, où nous traiterons de la *mesure*.

Du double point. — Une valeur déjà pointée peut encore recevoir un second point; dans ce cas, ce dernier point vaut la moitié du premier.

Ainsi une ♩.. vaut 3 ♪ et 1 ♪

une ♪.. vaut 3 ♪ et 1 ♪

De la liaison. — Au moyen de la *liaison*, on peut unir entre elles deux ou plusieurs notes, qui s'exécutent alors comme si elles n'en faisaient qu'une. On obtient ainsi de nouvelles durées.

La liaison ne s'exerce que sur des notes de même nom, situées dans la même gamme ; elle se marque par un petit arc horizontal. Exemple n° 1.

Tenue. — On appelle *tenue* la longue prolongation d'un même son obtenue par la *liaison*. Exemple n° 2.

Triolet. — Le *triolet* est un assemblage de trois notes égales, dont l'exécution doit avoir la même durée que celle de deux no-

tes de la même valeur. Le *triolet* se marque par un petit 3 placé
au-dessus des notes. Exemple :

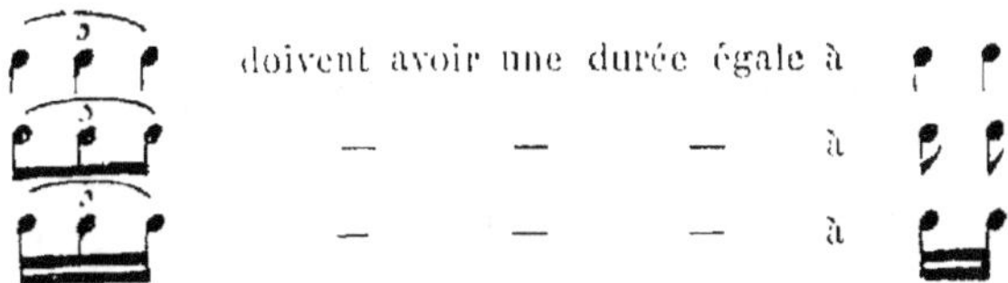

Sixain ou sixtiolet. — On rencontre également des groupes
de six notes égales, dont l'exécution doit avoir la même durée
que celle de quatre notes de la même valeur. C'est ce qu'on appelle *sixain* ou *sixtiolet*. Il se marque par un petit 6 placé au-
dessus des notes. Exemple :

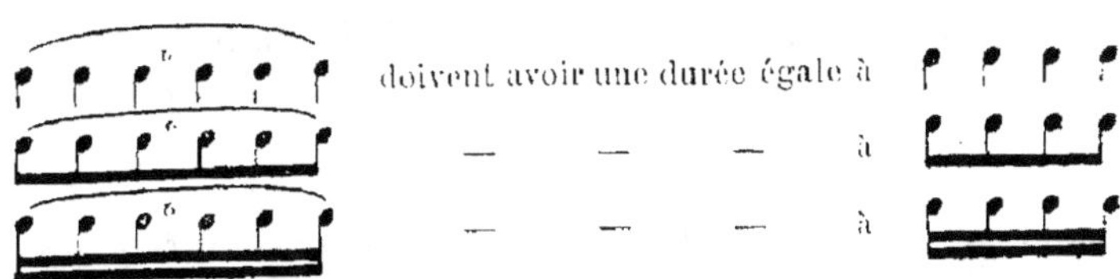

SECTION II.

Signes de durée négative.

Il y a autant de signes de durée *négative* que de signes de durée *positive*, et ils correspondent exactement les uns aux autres
par la durée qu'ils représentent.

Silences. — Les signes de durée négative s'appellent *silences*.
Ils indiquent le temps pendant lequel on doit suspendre l'exécution du morceau.

Différentes sortes et figures de silences. — Il y a sept
sortes de *silences*, correspondant aux sept *valeurs* de notes :

La pause ▬, qui se place au-dessous de la ligne, dure autant qu'une ◯

La demi-pause ▬, qui se place sur la ligne, dure autant qu'une 𝅗𝅥

Le soupir ⟨, dont la tête est à droite......... dure autant qu'une ♩

Le demi-soupir ⟩, dont la tête est à gauche...   —   ♪

Le quart de soupir ⟩, qui a deux têtes........   —   ♬

Le huitième de soupir ⟩, qui a trois têtes.....   —   ♬

Le seizième de soupir ⟩, qui a quatre têtes ..   —   ♬

Un point ·, placé après un *silence*, produit le même effet qu'après une *valeur*. Il augmente de moitié la durée de ce *silence*.

Ainsi une *demi-pause* pointée ▬· vaudra trois *soupirs*, au lieu de deux, etc.

On voit que, par suite de l'adjonction du *point*, les *silences* sont, comme les *valeurs*, *simples* ou *composés*, *binaires* ou *ternaires*.

La pause, la demi-pause, le soupir, etc., sont des silences *simples* ou *binaires*, car ils sont divisibles par *deux*.

La pause pointée, la demi-pause pointée, le soupir pointé, etc., sont des silences *composés* ou *ternaires*, car ils sont divisibles par *trois*.

Le *double point* ·· après un *silence*, comme après une *valeur*, a la moitié de la durée du *point*. Ainsi :

▬··· a la durée de ♩ ♩ ♩⟨

⟨··· a la durée de ⟩ ⟩ ⟩ ⟩

Nous avons vu ce que c'est qu'un *triolet* et un *sixain*. Les *silences* peuvent faire partie du triolet et du sixain. Exemple :

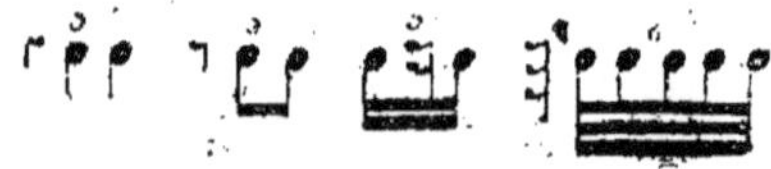

SECTION III.

De la mesure.

Pour faciliter la lecture et l'exécution d'un morceau de musique, on le *mesure*, c'est-à-dire on le partage en un certain nombre de parties d'*égale durée*.

Mesure. — Ces parties, égales entre elles, se nomment *mesures*.

Barre de mesure et double barre. — Chaque *mesure* est séparée de la mesure qui suit par un petit trait vertical, qui traverse toute la portée et que l'on nomme *barre de mesure*. On appelle *double barre* la réunion de deux barres de mesure qui terminent soit un morceau, soit une partie d'un morceau. Exemple :

Dans cet exemple, il y a 8 mesures, 6 barres de mesure et 2 doubles barres.

Temps. — Chaque mesure est, à son tour, divisée en un certain nombre de parties *égales en durée*, que l'on appelle *temps*.

Il y a des mesures à 4 temps, à 3 temps et à 2 temps. Mais quelle doit être, dans ces mesures, la valeur ou la durée de chaque temps?

RÈGLE : *Chaque valeur simple ou binaire et chaque valeur composée ou ternaire peut être prise comme unité de temps, pour former les mesures.*

De là, deux sortes de mesures :

1° Les mesures *simples* ou *binaires*, dont l'unité de temps est une valeur *simple* ou *binaire*, comme la ⌐, la ♩, la ●, etc.;

2° Les mesures *composées* ou *ternaires*, dont l'unité de temps est une valeur *composée* ou *ternaire*, comme la ♩., la ●., etc.

A la rigueur, comme il y a sept valeurs simples et sept valeurs composées, chacune de ces valeurs peut être prise comme unité de temps. Cependant la double croche, la triple croche et la quadruple croche offrant des durées par trop minimes, on n'emploie que les mesures qui peuvent être formées avec la ronde, la blanche, la noire et la croche, soit simples, soit pointées, et prises comme *unités de temps*.

§ 1. Des mesures simples ou binaires.

1° MESURES A 4 TEMPS.

Mesures à 4 temps binaires.

Mesure à $\frac{4}{1}$. — Prenant la *ronde* comme unité de temps, la mesure sera composée de quatre *rondes*, une à chaque temps.

Cette mesure se marque par $\frac{1}{4}$. Le chiffre 1 indique que chaque temps a la durée d'une *ronde;* le chiffre 4 signifie que quatre de ces *rondes* composent la durée de la mesure. Exemple :

Mesure à $\frac{4}{2}$. — Prenant la *blanche* pour unité de temps, la mesure sera composée de 4 *blanches*, une à chaque temps.

Cette mesure se marque par $\frac{4}{2}$. Le chiffre 2 indique que la *ronde* est divisée en deux parties et que chaque temps a la durée d'une moitié de *ronde;* le chiffre 4 signifie que quatre de ces demi-rondes composent la durée de la mesure. Exemple :

Mesure à $\frac{4}{4}$ ou 4 ou C. — Prenant la *noire* pour unité de temps, la mesure sera composée de quatre *noires*, une à chaque temps.

Cette mesure se marque par $\frac{4}{4}$, ou 4 ou **C**. Le chiffre inférieur 4 indique que la *ronde* est divisée en quatre parties et que chaque temps a la durée d'un quart de *ronde;* le chiffre supérieur 4 signifie que quatre de ces quarts de ronde composent la durée de la mesure. Exemple :

Mesure à $\frac{4}{8}$. — Prenant la *croche* pour unité de temps, la mesure sera composée de quatre *croches*, une à chaque temps.

Cette mesure se chiffre par $\frac{4}{8}$. Le chiffre 8 indique que la *ronde* est divisée en 8 parties, et que chaque temps a la durée d'un huitième de *ronde;* le chiffre 4 signifie que quatre de ces huitièmes de *ronde* composent la durée de la mesure. Exemple :

Nombre fractionnaire exprimant la mesure. — D'après ce qui précède, on voit que le nombre fractionnaire, qui exprime la mesure, indique deux choses :

1° Le chiffre inférieur de la fraction (*dénominateur*) indique en combien de parties la *ronde* est divisée pour former, avec une de ces parties, l'*unité de temps;*

2° Le chiffre supérieur (*numérateur*) indique combien il faut prendre de ces divisions de la *ronde* pour composer la durée de la mesure.

Nous nous abstiendrons désormais d'expliquer chaque nombre fractionnaire exprimant la mesure.

2º MESURES A 3 TEMPS.

Ce que nous venons de dire pour les mesures à 4 temps s'appliquant exactement aux mesures à 3 et à 2 temps, nous nous contenterons, sans autres détails, de mentionner et de définir chaque mesure.

Mesures à 3 temps binaires.

Mesure à $\frac{3}{1}$. — Mesure à $\frac{3}{1}$, prenant la *ronde* pour unité de temps (trois *rondes* à la mesure).

Mesure à $\frac{3}{2}$. — Mesure à $\frac{3}{2}$, prenant une demi-ronde ou une *blanche* pour unité de temps (trois *blanches* à la mesure).

Mesure à $\frac{3}{4}$ ou 3. — Mesure à $\frac{3}{4}$ ou 3, prenant un quart de ronde ou une *noire* pour unité de temps (trois *noires* à la mesure).

Mesure à $\frac{3}{8}$. — Mesure à $\frac{3}{8}$, prenant un huitième de ronde ou une *croche* pour unité de temps (trois *croches* à la mesure).

3º MESURES A 2 TEMPS.

Mesures à 2 temps binaires.

Mesure à $\frac{2}{1}$. — Mesure à $\frac{2}{1}$, prenant la *ronde* comme unité de temps (deux *rondes* à la mesure).

Mesure à $\frac{2}{2}$ ou 2 ou ¢. — Mesure à $\frac{2}{2}$ ou 2 ou ¢, prenant une demi-ronde ou une *blanche* pour unité de temps (deux *blanches* à la mesure).

Mesure à $\frac{2}{4}$. — Mesure à $\frac{2}{4}$, prenant un quart de ronde ou une *noire* pour unité de temps (quatre *noires* à la mesure).

Mesure à $\frac{2}{8}$. — Mesure à $\frac{2}{8}$, prenant un huitième de ronde ou une *croche* pour unité de temps (quatre *croches* à la mesure).

Nous avons fait cette longue énumération de *mesures* pour bien faire comprendre le mécanisme de leur composition : chose très simple, lorsqu'on l'examine attentivement et qui offre certaines obscurités aux élèves qui ne font qu'effleurer cette étude.

Il s'en faut de beaucoup que toutes les mesures simples ou binaires, que nous venons d'énumérer, soient employées. Voici celles qui sont le plus fréquemment usitées :

Mesure à $\frac{4}{4}$ ou à 4 ou à **C**. Exemple :

Mesure à $\frac{3}{4}$ ou à 3. Exemple :

Mesure à $\frac{3}{8}$. Exemple :

Mesure à $\frac{2}{2}$ ou à 2 ou à ¢. Exemple :

Mesure à $\frac{2}{4}$. Exemple :

§ 2. Des mesures composées ou ternaires.

Les mesures composées ou ternaires sont, comme nous l'avons déjà dit, celles dont l'unité de temps est une valeur composée ou ternaire, telles que la *ronde pointée*, la *blanche pointée*, la *noire pointée*, etc.

Il est évident que l'on peut former autant de mesures composées que de mesures simples, puisqu'il y a autant de valeurs simples que de valeurs composées. Le tableau suivant met en regard, avec les chiffres qui les indiquent, les mesures simples et les mesures composées correspondantes.

De ce tableau il résulte que :

1° Pour obtenir les chiffres indicateurs d'une mesure *composée*, il faut multiplier par 3 le chiffre supérieur et par 2 le chiffre inférieur de la mesure *simple* correspondante.

2° Pour obtenir les chiffres indicateurs d'une mesure *simple*, il faut diviser par 3 le chiffre supérieur et par 2 le chiffre inférieur de la mesure *composée* correspondante. Ainsi :

La mesure simple $\frac{4}{4} \times \frac{3}{2} = \frac{12}{8}$, mesure composée correspondante.

La mesure composée $\frac{9}{8} : \frac{3}{2} = \frac{3}{4}$, mesure simple correspondante.

3° Dans les chiffres indicateurs des mesures *composées*, le chiffre inférieur n'indique plus la durée de l'unité de temps ; il marque seulement en combien de parties la ronde est divisée. Le chiffre supérieur annonce combien on prend de ces divisions de la ronde pour formuler la mesure. Ainsi :

$\frac{9}{8}$ indique que la mesure se compose de neuf huitièmes de ronde, ou de neuf croches.

$\frac{6}{4}$ indique que la mesure se compose de six quarts de ronde, ou de six noires, etc.

Mesures composées usitées. — Les mesures composées, indiquées au tableau ci-dessus, ne sont pas toutes employées. Voici celles qui sont le plus fréquemment usitées :

Mesure à $\frac{6}{8}$. Exemple :

Mesure à $\frac{9}{8}$. Exemple :

Mesure à $\frac{12}{8}$. Exemple :

Mesure à 5 temps. — On a quelques rares exemples de mesures à 5 temps. Boïeldieu l'a employée dans la seconde partie de la cavatine « Viens, gentille dame » (*Dame blanche*, acte II). Gounod en a fait usage également dans le duo de Magali (*Mireille*, acte II). Cette mesure se compose alternativement d'une mesure à 3 temps et d'une mesure à 2 temps.

§ 3. Manières de battre la mesure.

Battement de la mesure. — *Battre la mesure*, c'est séparer, par un mouvement de la main ou du pied, chaque temps de cette mesure.

Dans toutes les mesures, le premier temps se marque *en frappant* et le dernier temps se marque *en levant*.

Les figures suivantes indiquent la direction que doivent prendre la main ou le pied en battant chaque temps de la mesure.

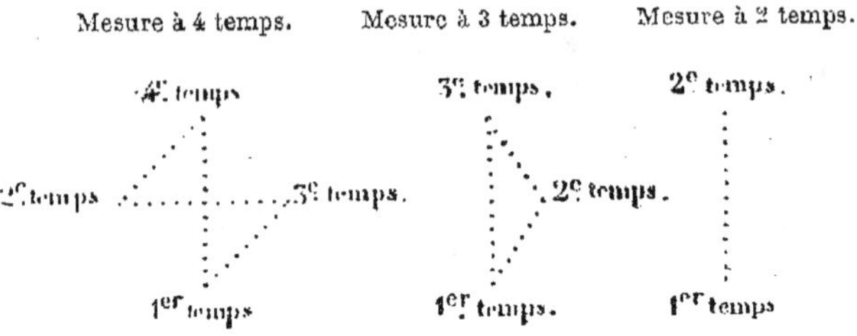

§ 4. Temps forts, temps faibles.

Les temps de chaque mesure ne sont pas tous aussi accentués les uns que les autres. Aussi distingue-t-on, dans chaque mesure, les temps *forts* et les temps *faibles*.

Temps forts. — Les temps *forts* ou *plus* accentués, sont les temps *impairs* de la mesure.

Temps faibles. — Les temps *faibles* ou *moins* accentués, sont les temps *pairs* de la mesure.

Par conséquent :

Dans la mesure à 4 temps, les temps *forts* sont le 1er et le 3e.

    —   à 3 temps,   —   —   le 1er et le 3e.

    —   à 2 temps, le temps fort est le 1er.

Les temps *faibles* sont : le 2e dans les mesures à 2 et à 3 temps, et les 2e et 4e dans la mesure à 4 temps.

La *première partie* d'un temps fort ou faible se nomme *partie forte* du temps.

La *seconde partie* se nomme *partie faible* du temps.

§ 5. Syncope, contre-temps.

Syncope. — On appelle *syncope* la prolongation, sur un temps fort, d'un son commencé sur un temps *faible*.

La syncope sépare donc le son en deux parties, l'une reposant sur un temps *faible* et l'autre sur un temps *fort*.

Si ces deux parties sont égales en durée, la syncope est dite *régulière*. Dans le cas contraire, elle est *irrégulière* ou *brisée*.

Lorsque deux notes forment syncope, elles sont réunies par un petit arc horizontal appelé *liaison*.

Contre-temps. — Le *contre-temps* consiste dans l'articulation, sur le temps *faible*, d'un son qui ne se prolonge pas sur le temps *fort*.

Le *contre-temps* a lieu également si le son se fait entendre sur la *partie faible* du temps seulement, et non sur la *partie forte* de ce temps.

§ 6. Du mouvement.

Durée relative et absolue. — Les signes de durée positive et négative, que nous venons d'étudier, indiquent bien le rapport de durée que les valeurs ont entre elles. Mais quelle doit être la durée *réelle* de chaque valeur? La ronde, par exemple, devra-t-elle durer une minute ou une seconde? En d'autres termes, nous connaissons la durée *relative* des valeurs; quelle doit être leur durée *absolue*?

La durée *absolue* des valeurs n'est pas la même dans tous les morceaux de musique. Elle varie avec le degré de lenteur ou de vitesse que l'on imprime à la mesure.

Mouvement. — Ce degré de lenteur ou de vitesse s'appelle *mouvement*. On se sert, pour indiquer *le mouvement*, d'un des mots italiens suivants, que l'on place en tête du morceau, au-dessus de la portée :

Largo,	qui signifie	*largement.*
Larghetto,	—	*moins lent que* LARGO.
Lento,	—	*lent.*
Grave,	—	*gravement.*
Adagio,	—	*posément.*
Andante,	—	*modérément.*
Andantino,	—	*moins lent qu'*ANDANTE.
Maestoso,	—	*majestueusement.*
Allegro,	—	*vite.*
Allegretto,	—	*moins vite qu'*ALLEGRO.
Presto,	—	*rapidement.*
Prestissimo,	—	*très rapidement.*
Vivo, vivace.	—	*vif, alerte.*

On modifie encore les mouvements indiqués ci-dessus en y ajoutant un des termes suivants :

Un poco,	qui signifie	*un peu.*
Molto,	—	*beaucoup.*
Assai,	—	*fortement.*
Piu,	—	*plus.*
Non troppo,	—	*pas trop.*
Sostenuto,	—	*soutenu.*
Moderato,	—	*modéré.*

Et beaucoup d'autres expressions que l'usage apprendra sans peine.

Les *mouvements* indiqués par ces expressions n'ont rien de précis ni de fixe; ils ne sont qu'approximatifs et, par exemple, l'*allegro* d'un morceau sera souvent très différent de l'*allegro* d'un autre.

Métronome. — Il faut donc un moyen sûr et pratique de déterminer d'une façon *certaine* la durée propre à chaque valeur. C'est à cela que sert le *métronome*.

Le *métronome* est un mécanisme d'horlogerie, inventé ou plutôt perfectionné par Maëlzel, en 1815. Il se compose d'une boîte pyramidale A, dans laquelle se trouve un *balancier* B, dont les oscillations, sensibles à l'oreille, marquent les temps de toute espèce de mesure. La clef D sert à remonter le mécanisme.

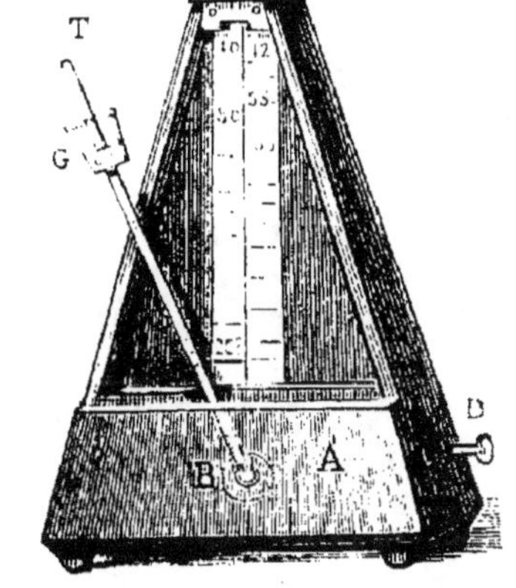

Au balancier est fixée une *tige* T, le long de laquelle glisse un *contrepoids* G, qui, suivant qu'on le hausse ou qu'on l'abaisse, précipite ou ralentit les oscillations.

Enfin, derrière cette tige mobile se dresse une échelle numérotée par degrés, depuis le nombre 40, qui se trouve au sommet, jusqu'au nombre 208, placé à l'extrémité inférieure.

L'unité de temps du métronome est la *minute:* c'est-à-dire que le numéro de l'échelle, à la hauteur duquel on place le contre-poids G, indique le nombre de coups frappés, dans une minute, par le balancier. Ainsi, par exemple, le contre-poids étant placé sur le numéro 60, le balancier aura 60 oscillations par minute, c'est-à-dire une par seconde.

Pour indiquer le mouvement d'un morceau, le compositeur inscrit, en tête de ce morceau, une *valeur* quelconque, en la faisant suivre d'un des nombres inscrits sur l'échelle du métronome.

Ce nombre indique alors la durée de cette valeur et, par là même, celle de toutes les autres. Exemple :

M $\downarrow$ = 60 signifie que l'on doit mettre le contre-poids mobile G sur le nombre 60 de l'échelle. La blanche aura alors la durée d'une oscillation.

M $\downarrow$ = 100 signifie que le contre-poids doit être mis en face du nombre 100 de l'échelle. La noire aura alors la durée d'une oscillation, etc.

De cette manière, les valeurs cessent d'être vagues ou arbitraires et deviennent tout à fait fixes et absolues.

Rythme. — La répétition du mouvement se combinant avec la durée des sons et des silences produit le *rythme*.

CHAPITRE III.

On n'atteindrait pas le but de la musique, qui est de charmer et d'émouvoir, si l'on se contentait de donner rigoureusement aux notes la durée et le mouvement qui leur sont propres.

Il faut savoir varier l'exécution d'un morceau, nuancer les effets, tantôt en accentuant plus fortement le son, tantôt en l'adoucissant.

C'est ce qu'on appelle *nuancer l'expression.*

Expression. — L'ensemble des différentes nuances constitue *l'expression.*

L'expression donne à une page de musique la forme, la couleur et la vie; c'est véritablement l'âme de la musique.

Sans *l'expression,* le musicien le plus savant, le virtuose le plus habile deviennent bientôt insupportables par leur fatigante monotonie.

Signes d'expression. — Les principales nuances d'expression sont indiquées par les mots italiens suivants, que l'on rencontre fréquemment dans le cours d'un morceau :

Piano, ou, par abréviation, P.,		qui signifie	*faible.*
Pianissimo,	—	PP.,	—	*très faible.*
Sotto voce ou *mezzo voce,*		—	*à demi-voix.*
Dolce, ou, par abréviation, *dol.,*		—	*doux.*
Forte,	—	F.,	—	*fort.*
Fortissimo,	—	FF.,	—	*très fort.*
Mezzo forte,	—	M. F.,	—	*à demi fort.*
Rinforzando,	—	*rinf.,*	—	*en renforçant.*
Crescendo,	—	*cresc.* ou < —	*en augmentant.*
Decrescendo,	—	*decresc.* ou > —	*en diminuant.*
Diminuendo,	—	*dim.,*	—	*idem.*

Ritardando, par abréviation, *ritard.*, qui signifie *en retardant.*

Rallentando,   —   *rall.*,   —   *en ralentissant.*

Smorzando ou

  morendo,   —   *smorz.*,   —   *en mourant.*

A primo tempo,   —   *1° temp.*,   —   *retour au premier mouvement du morceau.*

Ad libitum,   —   *ad lib.*,   —   *à volonté.*

A piacere,   —   *à volonté.*

Con espressione, —   *con espress.*, —   *avec expression.*

Con animo,   —   *con anim.*,   —   *avec âme.*

Poco à poco,   —   *peu à peu*, etc.

Il existe encore d'autres termes d'expression, que l'usage apprendra sans peine.

Du legato. — Deux sons qui se suivent sont ordinairement séparés l'un de l'autre par une légère articulation. Au moyen du *legato*, on réunit ensemble deux ou plusieurs sons successifs, de manière qu'il n'existe plus entre eux, quant à l'exécution, aucune solution de continuité.

Le *legato*, qui signifie *lié* ou *coulé*, s'indique par le même signe que la liaison : un petit arc horizontal. Exemple :

Du staccato. — Le *staccato* (piqué ou détaché) produit l'effet contraire du *legato*. Son effet est de détacher chaque note par une articulation sèche et légère. Il se marque par des points allongés que l'on place au-dessus ou au-dessous des notes.

Du louré. — Enfin lorsqu'on trouve réunis les points du *staccato* et le signe du *legato*, les sons doivent être détachés, mais lourdement. — Cette nuance se nomme *louré*. Exemple :

CHAPITRE IV.

DES ORNEMENTS ET DES ABRÉVIATIONS.

§ 1. Des ornements.

Des ornements, agréments ou fioritures. — On se sert aussi, dans la musique, de certains *ornements* qui, employés avec goût, produisent d'heureux effets par la variété qu'ils apportent dans la mélodie. Au contraire, répandus à profusion, ils sont fastidieux et témoignent du peu de goût musical de l'artiste qui en abuse.

Les *ornements* s'appellent aussi *agréments* ou *fioritures*.

Les *ornements* s'écrivent en notes plus petites que les autres. Ils ne comptent pas dans la mesure, se combinant, pour la durée, avec la note qui les précède ou avec celle qui les suit.

Les principaux *ornements* usités en musique sont : l'appoggiature, le grupetto, le mordente, le port de voix, le trille et le point d'orgue.

De l'appoggiature. — 1° L'*appoggiature* (de l'italien *appoggiare*, appuyer) est une note sur laquelle on appuie avant d'arriver à la note qui la suit :

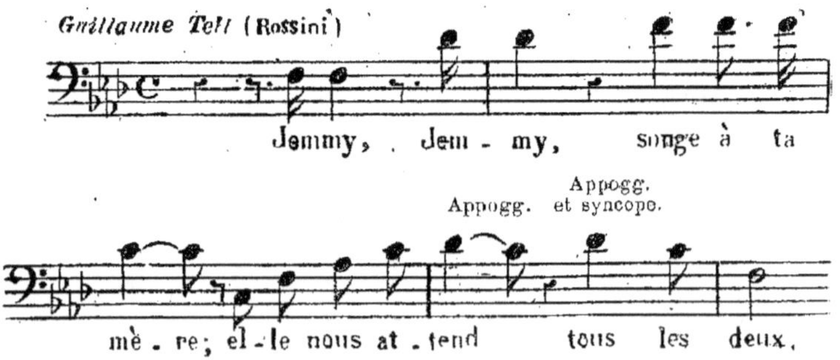

L'appoggiature s'écrit, soit en notes ordinaires, soit en *petites notes ;* elle est placée au-dessus ou au-dessous de la note qu'elle précède.

Cet ornement est d'un emploi très fréquent surtout dans les *récitatifs* d'un opéra.

Lorsque la note formant *appoggiature* est barrée, on doit l'exécuter avec rapidité :

Du grupetto. — 2° Le *grupetto,* ou *groupe,* est un assemblage de trois ou quatre petites notes placées soit avant, soit après la note principale.

Quelquefois on n'écrit pas la note du *grupetto,* et on la remplace par ce signe ∾. — Il y a des *grupetti* faisant partie des notes de la mesure (A), d'autres écrits en petites notes tout à fait en dehors de la mesure (B) : cela peut varier à l'infini.

Du mordente. — Le *mordente* ou *mordant* n'est composé que de deux petites notes précédant la note principale. Exemple :

Du port de voix. — Le *port de voix* ou *portamento* ne s'emploie que dans le chant. Il consiste à unir, par une liaison du gosier, un son inférieur à un son supérieur. Le son supérieur se trouve ainsi préparé par le *port de voix*, qui se fait entendre sur la note précédente.

Du trille. — Le *trille* (de l'italien *trillo*, tremblement), appelé aussi *cadence*, mais improprement, consiste dans la succession rapide et alternative de deux notes conjointes. Sa durée est égale à la durée de la note sur laquelle il a lieu. On le rencontre surtout à la fin d'un morceau.

La première note du *trille* est ordinairement la note conjointe supérieure de celle sur laquelle il est placé. Le *trille* s'indique par les lettres *tr*. Exemple :

Les diverses terminaisons du *trille* s'indiquent par de petites notes. Exemple :

Du point d'orgue. — Le *point d'orgue* suspend complètement la mesure. Pendant sa durée, les artistes exécutent des fioritures, qui leur sont dictées par leur goût personnel, ou que le compositeur a écrites d'avance. C'est dans ce sens que l'on dit d'un virtuose : « Il a exécuté un brillant *point d'orgue*. »

Le *point d'orgue* s'indique par ce signe ⌢ placé au-dessus de la note.

Du point d'arrêt. — Lorsque le *point d'orgue* surmonte un silence, il se nomme *point d'arrêt*.

§ 2. Des abréviations.

Abréviations. — Pour rendre la notation musicale plus rapide et la lecture plus facile, on se sert de certains signes appelés *signes abréviatifs* ou *abréviations*.

Nous allons les mentionner successivement.

SIGNE DE REPRISE.

Signe de reprise. — Nous avons vu que la double barre indique la fin d'un morceau ou d'une de ses parties.

Lorsque cette double barre est précédée ou suivie de *deux points*, cela signifie que la partie du morceau qui se trouve du côté de ces points doit être exécutée deux fois. Exemple :

La double barre prend alors le nom de *barre de reprise*.

Signes de renvoi. — Les signes de renvoi se marquent ainsi :
%. :O:.

Ces signes indiquent que, lorsqu'on les rencontre pour *la se-conde fois* dans le morceau, on doit se reporter à l'endroit où on les a vus pour *la première fois;* on continue alors jusqu'au mot *fin* qui surmonte une double barre.

Les mots *da capo* ou D. C., que l'on trouve souvent à la fin d'un morceau, signifient qu'il faut retourner au commencement de ce morceau et continuer jusqu'au mot *fin*. Exemple :

Coda. — On appelle *coda* (du latin *cauda,* queue) quelques mesures qui terminent complètement un morceau.

Nous allons rassembler, dans le tableau suivant, les principales abréviations usitées en musique, avec les signes qui les indiquent. La portée *supérieure* indiquera les abréviations, et la portée *inférieure* montrera comment on doit les exécuter.

DE L'ARPÈGE.

Arpège. — On nomme *arpège* (de l'italien *arpa*, harpe) la succession rapide des différentes notes d'un accord, que l'on fait entendre l'une après l'autre et distinctement, au lieu de les plaquer simultanément. L'arpège s'indique par une ligne verticale tremblée, que l'on place devant les notes formant accord.

Les notes arpégées s'exécutent toujours en commençant par la note inférieure de l'accord. Exemple :

Bâtons de mesure. — En plus des *silences,* dont nous avons parlé, on emploie encore, pour indiquer le silence de plus d'une mesure, les signes suivants :

1° Le bâton de deux pauses, qui vaut deux pauses ;

2° Le bâton de quatre pauses, qui vaut quatre pauses ;

3° Enfin, pour indiquer le silence d'un plus grand nombre de mesures, on se sert d'une petite barre surmontée d'un chiffre, indiquant le nombre de mesures pendant lesquelles on devra garder le silence. Exemple :

On devra se taire pendant 15 mesures et ensuite pendant 20 mesures.

ÉTUDES SUR LES DIFFÉRENTES CLEFS.

DEUXIÈME PARTIE

CHAPITRE I.

ÉTUDE DE LA GAMME.

La *notation musicale*, que nous venons d'étudier dans la première partie, n'est que l'enveloppe extérieure de la musique, ce qui la rend sensible à nos yeux.

Nous allons maintenant pénétrer plus avant dans l'étude de cet art, en examinant sa constitution intérieure.

La *gamme* étant la base de toute la musique, c'est d'abord sur elle que doit se concentrer toute notre attention.

§ 1. Des notes de la gamme.

Diverses appellations des notes de la gamme. — Nous avons vu que les notes de la gamme, au nombre de sept, ont reçu les noms suivants : *Ut* ou *Do*, *Ré*, *Mi*, *Fa*, *Sol*, *La*, *Si*.

La gamme étant une véritable *échelle* musicale, dont les sept notes forment les *degrés*, on comprend que l'on ait aussi donné à ces notes les noms de 1er, 2e, 3e, 4e, 5e, 6e et 7e degré. — Ces appellations indiquent la *position* de chaque note dans la gamme.

Lorsque l'on veut désigner le *rôle particulier* que chaque note joue dans la constitution même de la gamme, on donne aux sept notes d'autres noms, qui sont les suivants :

Le 1er degré s'appelle *tonique.*
Le 2e   —   —   *sus-tonique* (placée *au-dessus* de la tonique).
Le 3e   —   —   *médiante* (tenant le *milieu* entre la tonique et la dominante).
Le 4e   —   —   *sous-dominante* (placée *au-des-sous* de la dominante).
Le 5e   —   —   *dominante.*
Le 6e   —   —   *sus-dominante* (placée *au-dessus* de la dominante).
Le 7e   —   —   *sensible.*

La note qui forme le 1er degré de la gamme a reçu le nom de *tonique*, parce que c'est sur elle que repose le *ton* même de la gamme, auquel elle donne son nom.

La note formant le 5e degré est appelée *dominante*, parce que son action, dans la gamme, est prépondérante.

La septième note de la gamme a reçu le nom de *sensible*, parce qu'elle fait *sentir*, en l'appelant presque forcément, la note qui la suit, c'est-à-dire *la tonique*, dont elle n'est séparée que par un demi-ton.

Pour résumer ce qui précède, prenant comme exemple la gamme d'*Ut*, les notes qui la composent s'appelleront :

Ut ou *Do*   ou 1er *degré*   ou *tonique.*
Ré   ou 2e   —   ou *sus-tonique.*
Mi   ou 3e   —   ou *médiante.*
Fa   ou 4e   —   ou *sous-dominante.*
Sol   ou 5e   —   ou *dominante.*
La   ou 6e   —   ou *sus-dominante.*
Si   ou 7e   —   ou *sensible.*

La répétition de la tonique à la gamme supérieure s'appellera :

Ut ou *Do*   ou 8e *degré*   ou *octave.*

§ 2. Des intervalles.

Nous avons vu que l'on appelle *intervalle* la distance qui sépare deux notes de la gamme.

L'*intervalle* peut être plus ou moins grand, c'est-à-dire contenir plus ou moins de *degrés*.

Il y a sept intervalles. Chacun d'eux indique, par son propre nom, le nombre de *degrés* qu'il contient. Ainsi :

L'intervalle de 2 degrés   s'appelle *seconde*.

—   de 3 degrés   Ut - Mi   —   *tierce*.

—   de 4 degrés   Ut - Fa   —   *quarte*.

—   de 5 degrés   Ut - Sol   —   *quinte*.

—   de 6 degrés   Ut - La   —   *sixte*.

—   de 7 degrés   Ut - Si   —   *septième*.

—   de 8 degrés   —   *octave*.

En allant au-delà de l'*octave*, on aurait les intervalles de *neuvième*, de *dixième*, de *onzième*, etc., qui ne sont que la répétition, à la gamme supérieure, des intervalles de *seconde*, de *tierce*, de *quarte*, etc.

Unisson. — L'*unisson* est la répétition d'une même note. Il ne constitue pas un intervalle.

Intervalles simples et composés. — Les intervalles sont *simples* quand ils ne dépassent pas l'octave, et *composés* quand ils vont au delà. Ainsi la *tierce* est un intervalle *simple*; la *douzième* est un intervalle *composé*.

Intervalles supérieurs et inférieurs. — L'intervalle est *su-*

périeur ou *inférieur*, suivant qu'on le compte en montant ou en descendant. Ainsi :

La tierce *supérieure* d'*ut* est *ut-mi* (*ut-ré-mi*).

La tierce *inférieure* d'*ut* est *ut-la* (*ut-si-la*).

La quinte *supérieure* de *sol* est *sol-ré* (*sol, la, si, ut, ré*).

Lorsque l'on énonce un intervalle sans spécifier s'il est supérieur ou inférieur, c'est *toujours* de l'intervalle supérieur qu'il s'agit. Ainsi, *la tierce* de *fa* est *fa-la*, tierce supérieure (*fa-sol-la*).

Les intervalles sont *naturels* ou *altérés*.

Intervalles naturels ou diatoniques. — Les intervalles *naturels* ou *diatoniques* sont formés de deux notes prises telles qu'elles se trouvent dans la gamme. Exemple : (gamme d'*ut*) *ut-mi, la-ut, ré-sol, mi-fa*.

Les intervalles *naturels* se divisent en intervalles *majeurs*, intervalles *mineurs* et intervalles *justes*.

a. **Intervalles majeurs et mineurs.** — L'intervalle *majeur* est plus grand d'un demi-ton diatonique que l'intervalle *mineur*.

Exemple :

Gamme d'ut. Tierce majeure 

—   Tierce mineure 

Les intervalles majeurs et mineurs sont : la *seconde*, la *tierce*, la *sixte* et la *septième*.

b. **Intervalles justes.** — On donne le nom d'*intervalles justes* à la *quarte*, à la *quinte* et à l'*octave*.

La raison de cette appellation est que la *quinte* fixant la tonalité (1) est, par conséquent, immuable. Elle ne peut donc être ni *majeure* ni *mineure*.

---

(1) Voir le chapitre de la tonalité, page 55.

La *quarte* n'est appelée *juste* que parce qu'elle est le *renversement de la quinte*.

Quant à l'*octave*, comme elle n'est que la reproduction exacte d'un son à une autre gamme, elle ne peut être ni *majeure* ni *mineure*. C'est également un intervalle *juste*.

Intervalles altérés ou chromatiques. — Les intervalles *altérés* ou *chromatiques*, sont ceux dans la composition desquels il entre une ou deux notes étrangères à la gamme. Exemple :

Les intervalles *altérés* se divisent en intervalles *diminués* et intervalles *augmentés*.

a. **Intervalle diminué.** — L'intervalle *diminué* est plus petit d'un demi-ton chromatique que l'intervalle *mineur*. Exemple :

b. **Intervalle augmenté.** — L'intervalle *augmenté* est plus grand d'un demi-ton chromatique que l'intervalle *majeur*.
Exemple :

Tous les intervalles peuvent être *altérés*, c'est-à-dire *augmentés* ou *diminués*.

Renversement des intervalles. — On renverse un intervalle en rendant *supérieure* la note *inférieure* de cet intervalle, et *vice versa*. Exemple :

Septième 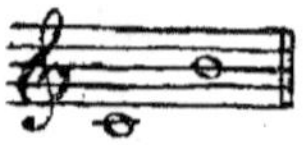   Septième renversée

Quinte    Quinte renversée

On remarquera que, dans les exemples précédents, la *septième renversée* est devenue une *seconde*, et la *quinte renversée* une *quarte*.

Par le renversement :

L'*unisson*   devient   *octave*.
La *seconde*   —   *septième*.
La *tierce*   —   *sixte*.
La *quarte*   —   *quinte*.
La *quinte*   —   *quarte*.
La *sixte*   —   *tierce*.
La *septième*   —   *seconde*.
L'*octave*   —   *unisson*.

Ces résultats peuvent s'exprimer par ce tableau de chiffres :

Intervalles............	1	2	3	4	5	6	7	8
Renversements........	8	7	6	5	4	3	2	1
Total........	9	9	9	9	9	9	9	9

On remarquera que l'intervalle et son renversement doivent toujours produire le chiffre 9.

Plus un intervalle est grand, plus son renversement est petit, et *vice versa*. Ainsi :

Un intervalle *majeur* renversé produit un intervalle *mineur*.

—   *mineur*   —   —   *majeur*.
—   *augmenté*   —   —   *diminué*.
—   *diminué*   —   —   *augmenté*.
—   *juste*   —   —   *juste*.

Nous avons réuni dans le tableau suivant les divers intervalles et leurs renversements.

Tableau des intervalles et de leurs renversements.

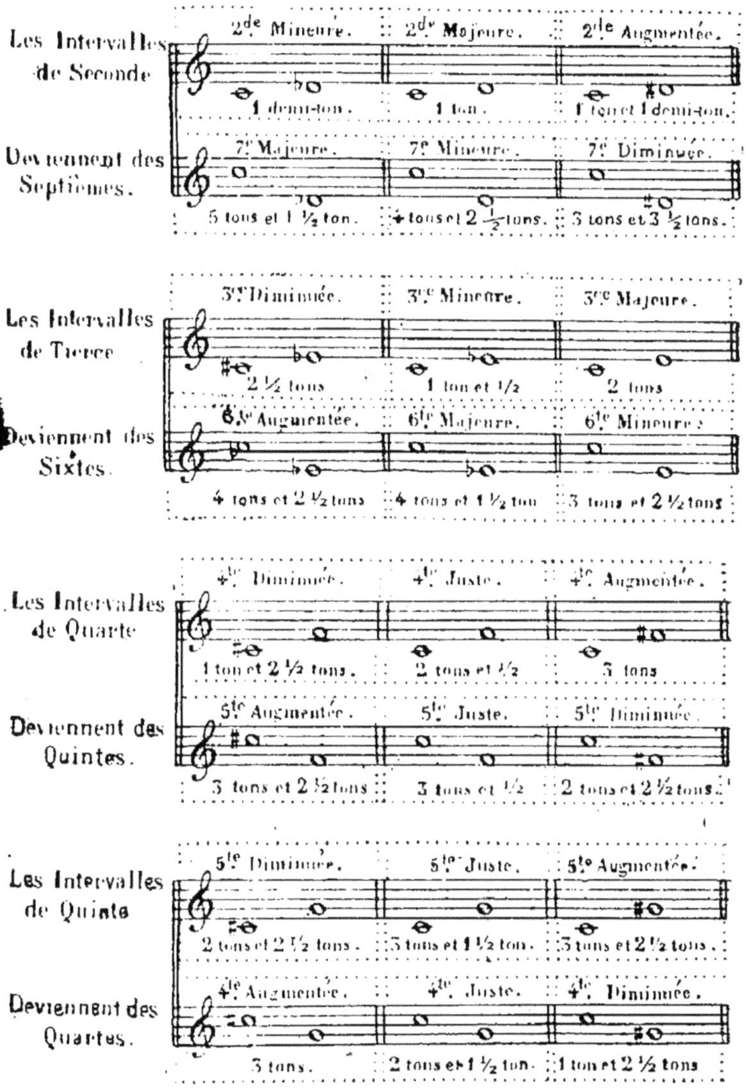

Les Intervalles de Seconde

2de Mineure. — 1 demi-ton.
2de Majeure. — 1 ton.
2de Augmentée. — 1 ton et 1 demi-ton.

Deviennent des Septièmes.

7e Majeure. — 5 tons et 1 ½ ton.
7e Mineure. — 4 tons et 2 ½ tons.
7e Diminuée. — 3 tons et 3 ½ tons.

Les Intervalles de Tierce

3^{ce} Diminuée. — 2 ½ tons
3^{ce} Mineure. — 1 ton et ½
3^{ce} Majeure. — 2 tons

Deviennent des Sixtes.

6te Augmentée. — 4 tons et 2 ½ tons
6te Majeure. — 4 tons et 1 ½ ton
6te Mineure. — 3 tons et 2 ½ tons

Les Intervalles de Quarte

4te Diminuée. — 1 ton et 2 ½ tons.
4te Juste. — 2 tons et ½
4te Augmentée. — 3 tons

Deviennent des Quintes.

5te Augmentée. — 3 tons et 2 ½ tons
5te Juste. — 3 tons et ½
5te Diminuée. — 2 tons et 2 ½ tons

Les Intervalles de Quinte

5te Diminuée. — 2 tons et 2 ½ tons.
5te Juste. — 3 tons et 1 ½ ton.
5te Augmentée. — 3 tons et 2 ½ tons.

Deviennent des Quartes.

4te Augmentée. — 3 tons.
4te Juste. — 2 tons et 1 ½ ton.
4te Diminuée. — 1 ton et 2 ½ tons

Les Intervalles de Sixte

Deviennent des Tierces.

Les Intervalles de Septième

Deviennent des Secondes.

CHAPITRE II.

DE LA TONALITÉ.

Par *tonalité* on entend la manière d'être de la gamme, en ce qui concerne son élévation dans l'échelle des sons. Cette élévation est fixée par la *tonique*, sur laquelle repose la gamme.

Nous avons vu, dans la première partie de ce traité, que la gamme est formée de sept notes, comprenant, par les intervalles qui existent entre elles, cinq tons et deux demi-tons.

Nous avons vu également que ces deux demi-tons sont placés : le premier, entre le 3ᵉ et le 4ᵉ degré, c'est-à-dire entre la *médiante* et la *sous-dominante*, et le second, entre le 7ᵉ et le 8ᵉ degré, c'est-à-dire entre la *sensible* et l'*octave*.

Chacune des sept notes de la gamme peut servir de point de départ à une gamme particulière. En d'autres termes, chaque note peut devenir la *tonique* d'une gamme.

Prenons, comme exemple, la mélodie suivante :

Cette phrase musicale est écrite dans la gamme d'*ut*, qui est la gamme naturelle, la gamme type (*ut, ré, mi, fa, sol, la, si*), dans laquelle les cinq tons et les deux demi-tons se trouvent placés aux intervalles qu'ils doivent occuper, sans qu'il soit besoin d'altérer aucune note. Mais supposons que, pour une raison quelconque, nous voulions exécuter cette mélodie un ton plus haut, nous l'écrivons ainsi :

De cette façon, cet air, élevé d'un ton au-dessus de la gamme d'*ut*, se trouvera écrit dans la gamme de *ré*.

Or, il est facile de voir que, dans une gamme dont la note *ré* est la *tonique*, les cinq tons et les deux demi-tons ne sont pas placés aux rangs qu'ils doivent occuper. Exemple :

Gamme d'*ut*	ut — ré, *mi, fa,* sol, la, *si, ut.*
	1/2 ton 1/2 ton
Gamme de *ré*	ré, *mi, fa,* sol, la, *si, ut,* ré.
	1/2 ton 1/2 ton

Dans la première gamme (*ut*), les demi-tons se trouvent placés entre le 3e et le 4e degré et entre le 7e et le 8e degré.

Dans la seconde gamme (*ré*), les demi-tons se trouvent entre le 2e et le 3e degré et entre le 6e et le 7e degré.

Il faut donc, pour rétablir l'ordre normal, hausser d'un demi-ton les 3e et 7e degrés de la gamme de *ré,* c'est-à-dire mettre un dièse au *fa* et à l'*ut*. De cette façon, les cinq tons et les deux demi-tons se trouvent placés aux intervalles qu'ils doivent occuper dans la gamme. Exemple :

La gamme de *ré* a donc besoin, pour être *constituée* régulièrement, d'avoir le *fa* et l'*ut diésés*. C'est pour cela que, lorsqu'on écrit dans le *ton de ré*, on a sôin d'inscrire, au commencement de la portée, immédiatement après la clef, ces deux dièses appelés, pour cette raison, *constitutifs*.'Exemple :

L'exemple ci-dessus doit donc s'écrire ainsi (*ton de ré*) :

Tout ceci étant bien compris, le mécanisme des différents tons devient d'une extrême simplicité.

En effet, les deux points suivants étant bien établis :

1° Que chaque note de la gamme peut devenir la *tonique* d'une gamme particulière et former ainsi un *ton* particulier;

2° Que les deux demi-tons doivent *toujours* être placés entre les 3ᵉ et 4ᵉ degrés et entre les 7ᵉ et 8ᵉ degrés de la gamme.

Il suffira de hausser le 3ᵉ et le 7ᵉ degré à l'aide du *dièse*, ou d'abaisser le 4ᵉ et le 8ᵉ degré à l'aide du *bémol*, pour constituer la tonalité, quelle qu'elle soit, en ayant soin de conserver toujours, entre les cinq autres degrés de la gamme, l'intervalle d'un ton.

Voici le tableau de toutes les gammes ou *tons*, que l'on peut établir sur chaque note, soit naturelle, soit altérée.

Dans la colonne 1 de ce tableau, nous établissons les gammes avec les différentes altérations nécessaires pour mettre à leur place les cinq tons et les deux demi-tons. — Dans la colonne 2, nous plaçons, après la clef, ces mêmes altérations *constitutives*, dans l'ordre qu'elles doivent occuper pour indiquer le *ton* du morceau.

Armature (ou armure). — Comme on le voit, le *ton* ou la *tonalité* d'un morceau est caractérisée par l'*armature* de la clef. Ainsi, pour le ton de *sol*, la clef sera *armée* d'un # ; pour le ton de *la* ♭, elle sera armée de quatre bémols, etc.

Il faut remarquer, en outre, que :

1° Dans les tons *diésés*, le dernier # est placé sur la *sensible* du ton dans lequel on se trouve ;

2° Dans les tons *bémolisés*, le dernier ♭ est placé sur la *sous-dominante* du ton dans lequel on se trouve ;

3° Les *dièses constitutifs* se succèdent de quinte en quinte *supérieure*, et les *bémols constitutifs* de quinte en quinte *inférieure*. Par conséquent, le premier # se plaçant sur le *fa* (ton de *sol*) :

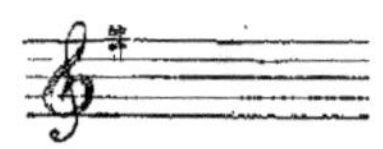

Le second ♯ se placera à la quinte *supérieure* du *fa*, c'est-à-dire
à l'*ut* (ton de *ré*) :

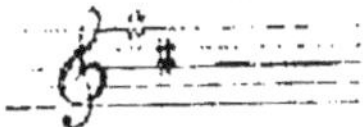

Le troisième ♯ à la quinte *supérieure* de l'*ut*, c'est-à-dire au *sol*
(ton de *la*), etc. :

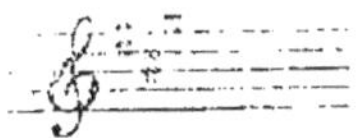

Le premier ♭ se plaçant sur le *si* (ton de *fa*) :

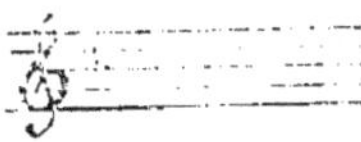

Le second ♭ se placera à la quinte *inférieure* du *si*, c'est-à-
dire au *mi* (ton de *si* ♭) :

Le troisième ♭ à la quinte *inférieure* du *mi*, c'est-à-dire au
la (ton de *mi* ♭) :

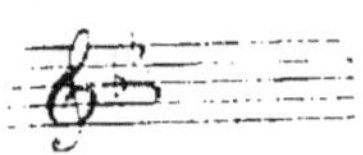

Le quatrième ♭ à la quinte *inférieure* du *la*, c'est-à-dire au *ré*
(ton de *la* ♭), et ainsi de suite.

Voici le tableau de la succession des ♯ et des ♭ :

Succession des dièses par quintes supérieures et des bémols par quintes inférieures.

Ces principes posés, voyons-en l'application.

On veut savoir, par exemple, quelle est l'armature de la clef pour le ton de *mi*. Rien de plus facile.

Quelle est la *sensible* de ce ton? — C'est *ré* ♯. Le ton de *mi* appartient donc aux tons diésés.

De combien de dièses se composera l'armature de la clef?

De quatre dièses ; car le dernier ♯ se posant toujours sur la note sensible, et ce dernier ♯ étant un *ré*, il suffit de voir quel rang le *ré* ♯ occupe dans la succession des ♯. — Il occupe le quatrième rang. Donc le ton de *mi* aura quatre dièses à la clef (*fa* ♯, *ut* ♯, *sol* ♯, *ré* ♯).

Quelle est maintenant l'armature de la clef pour le ton de *la* ♭? — La sensible de ce ton étant *sol* naturel, et non pas une note diésée, le ton de *la* ♭ appartient aux tons bémolisés.

De combien de bémols se composera l'armature de la clef? — De quatre bémols ; car le dernier ♭ se plaçant toujours sur la sous-dominante du ton, il se trouvera, dans ce ton de *la* ♭, placé sur le *ré* ♭. Or, le *ré* ♭ occupant le quatrième rang dans la succession des bémols, le ton de *la* ♭ aura quatre bémols à la clef (*si* ♭, *mi* ♭, *la* ♭, *ré* ♭).

Veut-on savoir, au contraire, quelle tonalité indiquent les accidents que l'on trouve à la clef?

Quel est, par exemple, le ton d'un morceau dont la clef est armée de cinq ♯? — Le dernier ♯ étant toujours la note sensible du ton et, dans cet exemple, ce dernier ♯ étant le *la* ♯, on se trouve évidemment dans le ton de *si*, dont le *la* ♯ est la note sensible.

Quelle est la tonalité d'un morceau dont la clef est armée de cinq ♭? — Le dernier ♭ étant toujours sur la sous-dominante du ton et, dans cet exemple, ce dernier ♭ étant placé sur le *sol* ♭, on se trouve dans le ton de *ré* ♭, dont le *sol* ♭ est la sous-dominante.

Donc, en résumé, dans les tons armés de ♯, la tonique est placée *un* degré *au-dessus* du dernier ♯; dans les tons armés de ♭, la tonique est située *quatre* degrés au-dessous de ce dernier ♭.

De l'enharmonie. — D'après les principes énoncés au commencement de ce chapitre, il est évident que l'on pourrait former encore de nouveaux tons, autres que ceux ci-dessus indiqués, en prenant, par exemple, pour *toniques* le *sol* ♯, le *ré* ♯, le *la* ♯, etc.; ou le *si* ♭♭, le *mi* ♭♭, etc. On aurait alors, à la clef, en plus des sept dièses et des sept bémols, un ou plusieurs doubles dièses, un ou plusieurs doubles bémols.

Cette agglomération d'accidents *constitutifs* causerait forcément une grande confusion. Aussi n'emploie-t-on *jamais* ces sortes de tonalités que d'une façon *passagère* dans le cours d'un morceau. La clef n'est jamais armée de doubles dièses ni de doubles bémols.

Au lieu d'employer ces différents tons, trop surchargés d'accidents, on se sert de leurs tons *synonymes*.

Tons synonymes. — Une note est la *synonyme* d'une autre note lorsque, différant d'elle par le *nom*, elle exprime cependant le *même son*. Ainsi, par exemple, le *la* ♭ est synonyme de *sol* ♯. En effet, entre le *sol* et le *la*, il y a un ton, dont la moitié s'exprime, soit par un ♯, en haussant le *sol* d'un demi-ton, soit par un ♭, en abaissant le *la* d'un demi-ton. Sur le clavier d'un piano, les notes synonymes sont produites par la *même* touche (1).

---

(1) En réalité, chaque ton de la gamme se divise en deux demi-tons *inégaux*, dont l'un se compose de *cinq commas* et l'autre de *quatre* seulement.

Comma. — On appelle *comma* la neuvième partie d'un ton. Le demi-ton *diatonique* se compose de *quatre commas*, et le demi-ton *chromatique* se

En partant de ce principe, au lieu de se servir du ton de *ré* ♯, par exemple, qui armerait la clef de *neuf dièses* (cinq dièses simples et deux doubles dièses), on emploie le ton de *mi* ♭, qui n'a que trois bémols à la clef. Le ton de *mi* ♭ est donc le *synonyme* du ton de *ré* ♯.

De même, le ton de *mi* (4 dièses) est le synonyme du ton de *fa* ♭ (6 bémols et 1 double bémol), le ton de *ré* (2 dièses) est le synonyme du ton de *mi* ♭♭ (4 bémols et 3 doubles bémols), etc.

On appelle *enharmonie* ce passage d'une note à *sa synonyme*, ou d'un ton à *son synonyme*.

Grâce à l'*enharmonie*, le nombre des tons dont on se sert en musique est limité à douze seulement.

---

compose de *cinq commas*. Il y a donc, entre ces deux demi-tons, la différence d'*un comma*. Cette différence est si minime, que l'oreille la perçoit à peine. Cependant, pour obtenir une parfaite régularité, on accorde les instruments à clavier de façon à ce que chaque ton soit toujours partagé en deux demi-tons parfaitement égaux.

Tempérament. — Ce système d'accord s'appelle *tempérament*.

De cette façon, une seule touche suffit à exprimer deux et même trois notes *synonymes*. Ainsi, une seule exprimera le *sol* ♯ et le *la* ♭, une seule aussi exprimera le *si* ♯, l'*ut* et le *ré* ♭♭, etc

CHAPITRE III.

DE LA MODALITÉ.

Nous venons de voir, dans le chapitre précédent, que la *tonalité* fixait l'élévation ou la gravité de la gamme, en lui assignant pour point de départ, pour *tonique*, un son plus ou moins grave, plus ou moins aigu. La *modalité* fixe l'essence même de la gamme, sa constitution intérieure, sa manière d'être, son expression, en un mot, sa vie.

La gamme, nous le savons, se compose de sept notes, séparées entre elles par des tons et des demi-tons.

La *modalité* est déterminée par la place même qu'occupent ces tons et ces demi-tons.

Il y a deux sortes de *modes* : le *mode majeur* et le *mode mineur*.

§ 1. Mode majeur.

Mode majeur. — Le mode *majeur* est caractérisé par la position des deux demi-tons, qui sont placés, comme nous l'avons vu, entre le 3ᵉ et le 4ᵉ degré et entre le 7ᵉ et le 8ᵉ degré.

Nous ne nous sommes occupé jusqu'ici que de la gamme *majeure*, qui est la plus naturelle. Tous les *tons* dont nous avons parlé sont des *tons majeurs*.

Dans tous ces tons, l'intervalle de la tonique à la médiante constitue une *tierce majeure*. Exemple : *ut-mi* (ton d'*ut*) ; *ré-fa ♯* (ton de *ré*) ; *si ♭-ré* (ton de *si ♭*), etc.

§ 2. Mode mineur.

Mode mineur. — Dans le mode *mineur*, au contraire, la gamme est tout autrement constituée. Les demi-tons n'occupent plus la même place que dans le mode majeur et l'on compte, de la tonique à la médiante, non plus une tierce *majeure*, mais bien une tierce *mineure*. Exemple :

Constitution de la gamme mineure. — Dans la gamme mineure, les deux demi-tons se placent : le premier du 2e au 3e degré et le second du 5e au 6e degré. La gamme *d'ut mineur* doit donc s'écrire ainsi :

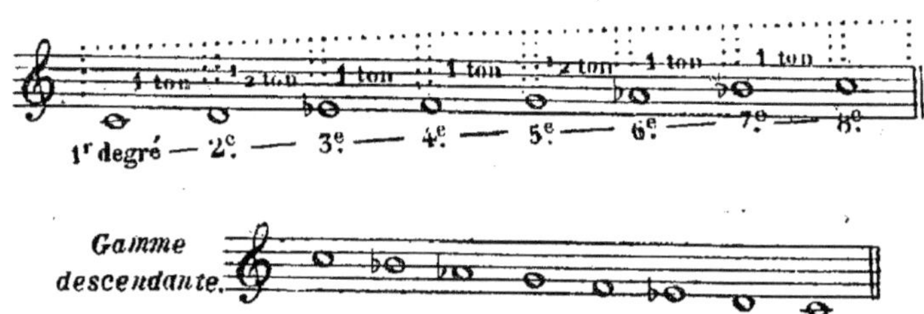

Telle est la constitution normale de la gamme mineure, qui nous vient en droite ligne du plain-chant. Mais si cette disposition des tons et des demi-tons convenait aux mélopées religieuses et aux chants liturgiques, elle ne pouvait satisfaire les oreilles de nos musiciens modernes, car elle allait contre cette règle fondamentale de l'harmonie, qui veut que la note *sensible*, qui doit faire pressentir la *tonique*, ne soit séparée de cette *tonique* que par un demi-ton seulement. Or, dans la gamme mineure ci-dessus, la *sensible si* ♭ est séparée par un ton entier de la *tonique ut*.

Pour remédier à cet inconvénient, on a élevé d'un demi-ton cette note sensible dans la gamme *ascendante*. On a eu ainsi la gamme mineure constituée de la manière suivante :

Ce second état de la gamme mineure, obtenu en haussant d'un demi-ton le 7e degré, est encore loin de satisfaire complètement l'oreille. En effet, s'il n'y a plus maintenant qu'un demi-ton entre la *sensible* et l'*octave* de la *tonique*, le 6e degré se trouve séparé du 7e par un ton et demi, autrement dit par un intervalle de *seconde augmentée*, qui ne saurait se rencontrer dans une gamme naturelle, composée *exclusivement* de *tons* et de *demi-tons*.

Pour obvier à ce nouvel inconvénient, beaucoup de compositeurs élèvent également d'un demi-ton le 6e et le 7e degré. De cette façon, la note *sensible* n'est séparée de l'octave de la *tonique* que par un demi-ton, et la gamme est entièrement composée de tons et de demi-tons.

La gamme mineure se trouve alors constituée comme il suit :

Ces deux dernières manières d'écrire la gamme mineure sont également employées.

Il faut avoir soin de remarquer que les accidents qui modifient la *sus-dominante* et la *sensible* d'une gamme mineure ascendante, ne sont pas *constitutifs*, mais purement *accidentels*. Ils ne font nullement partie de l'essence même de la gamme ; ils dépendent de la volonté seule du compositeur, et ne s'inscrivent pas au commencement de la portée. Dans une gamme, c'est donc la *médiante* qui détermine le mode. Si elle forme avec la *tonique* une tierce majeure, le mode est majeur ; si, au contraire, elle forme une tierce mineure, le mode est mineur.

Les irrégularités que nous venons de signaler dans la constitution de la gamme mineure, n'appartiennent qu'à la gamme mineure *ascendante*. La gamme mineure *descendante* est, au contraire, régulièrement constituée. Cette différence provient de ce que l'intervalle d'un demi-ton entre la sensible et la tonique n'est plus exigé par l'oreille dans la gamme descendante. Exemple :

De même que la gamme d'*ut* est la gamme type des tons *majeurs*, de même la gamme de *la* est la gamme type des tons *mineurs*. Cela vient de ce que ni l'une ni l'autre de ces deux gammes n'ont, à la clef, d'accidents *constitutifs*. Exemple :

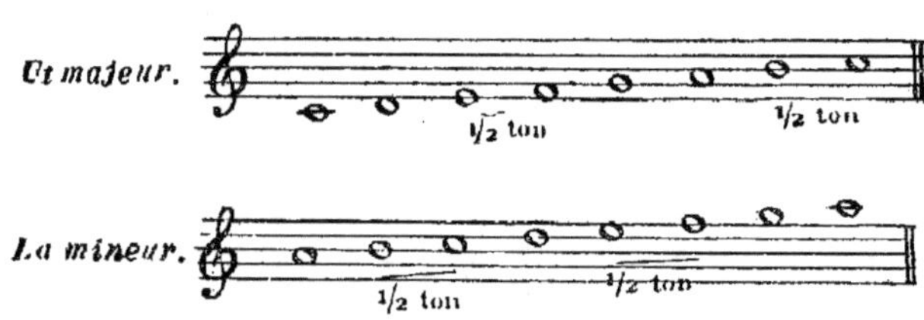

Différents tons mineurs. — De même que, pour obtenir les différents *tons majeurs*, on élève ou on abaisse d'un demi-ton une ou plusieurs notes, de même, pour obtenir les différents *tons mineurs*, on introduit dans la constitution de la gamme un ou plusieurs dièses, un ou plusieurs bémols, de façon à ce que les deux demi-tons se trouvent placés du 2ᵉ au 3ᵉ et du 5ᵉ au 6ᵉ degré de la gamme.

Voici le tableau de toutes les gammes ou tons *mineurs*. Dans la colonne 1, nous établissons les gammes avec les différentes altérations nécessaires pour mettre à leur place les cinq tons et les deux demi-tons. Dans la colonne 2, nous plaçons, après la clef, ces mêmes altérations *constitutives* dans l'ordre qu'elles doivent occuper pour indiquer le ton du morceau.

Colonne 1	Colonne 2
Ton de La	
Ton de La #	
Ton de Si b	
Ton de Si .	
Ton d'Ut	
Ton d'Ut #	
Ton de Ré	
Ton de Ré #	
Ton de Mi b	
Ton de Mi	
Ton de Fa	
Ton de Fa #	
Ton de Sol .	
Ton de Sol #	
Ton de La b .	

Il faut remarquer que :

1° Dans les tons *mineurs diésés*, le dernier ♯ est placé sur la *seconde* note du ton dans lequel on se trouve ;

2° Dans les tons *mineurs bémolisés*, le dernier ♭ est placé sur la *sixième* note du ton dans lequel on se trouve ;

3° Dans les tons mineurs, de même que dans les tons majeurs, les dièses *constitutifs* se succèdent de quinte en quinte *supérieure*, et les bémols constitutifs de quinte en quinte *inférieure*.

Voici le tableau de la succession des ♯ et des ♭ constitutifs dans les tons mineurs :

Tableau de la succession des dièses et des bémols.

En appliquant ces principes comme nous l'avons fait pour les tons majeurs, il sera facile de trouver soit l'armature de la clef pour un ton mineur donné, soit la tonalité mineure indiquée par les accidents constitutifs.

Ce que nous avons dit plus haut de l'*enharmonie* s'applique également au mode mineur.

§ 3. Tons relatifs.

La sixième note ou *sus-dominante* de chaque ton majeur peut devenir la *tonique* d'un ton mineur, qui a précisément, à la clef, le même nombre d'accidents constitutifs que ce ton majeur dont il est formé.

Par exemple, dans le ton d'*ut majeur*, prenons la *sus-dominante la*, et faisons-en la *tonique* d'une gamme mineure, nous aurons le ton de *la mineur*, qui, comme le ton d'*ut majeur*, est dépourvu de tout accident constitutif.

Dans le ton de *ré♭ majeur* (5 ♭ à la clef), la *sus-dominante si♭*, prise comme *tonique* d'un ton mineur, nous donne le ton de *si♭ mineur*, qui s'écrit également avec cinq ♭ à la clef.

De même pour les autres tons.

Tons relatifs. — Ces tons, qui, dans les deux modes, ont la même armature, se nomment *tons relatifs*.

Chaque *ton majeur* a son *relatif mineur* et *vice versâ*, comme l'indique le tableau suivant :

Tons relatifs.

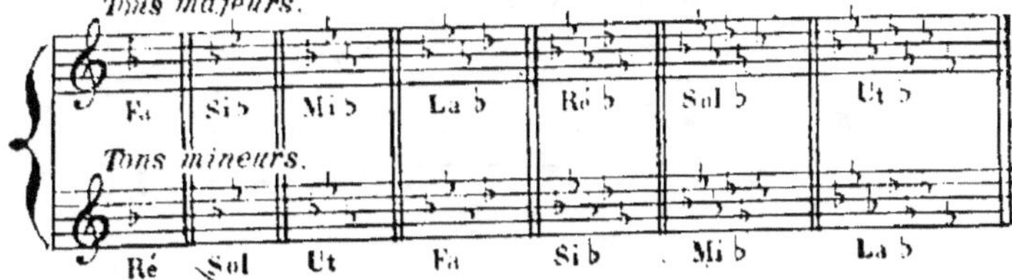

Armature de la clef, suivant le mode. — Etant donné un

ton majeur quelconque, quelle sera l'armature de la clef pour ce ton, dans le mode mineur?

RÈGLE. — Lorsqu'un ton majeur devient mineur, il prend à la clef trois bémols ou l'équivalent de ces trois bémols. Ainsi : *ut majeur* n'a pas d'accidents à la clef, *ut mineur* prend trois bémols; *mi ♭ majeur* a trois bémols à la clef, *mi ♭ mineur* en a six; *si majeur* a cinq dièses à la clef, *si mineur* n'en a que deux; *sol majeur* a un dièse à la clef, *sol mineur* perd ce dièse et prend deux bémols, les dièses que l'on retranche comptant comme des bémols que l'on ajouterait.

Signes distinctifs des tons relatifs. — Etant donnée *l'armature* de la clef d'un morceau, comment reconnaître le *mode* de ce morceau? Prenons, par exemple, une phrase musicale armée de deux dièses constitutifs, à quels signes verra-t-on si l'on est en *ré majeur* ou en *si mineur*?

La modalité est fixée :

1° Par la note finale du morceau, qui est presque toujours la *tonique* et quelquefois la *dominante*;

2° Par l'apparition, si le mode est mineur, de la *sensible altérée*, note tout à fait étrangère au ton relatif majeur et qui appelle énergiquement la *tonique* mineure.

Par conséquent, étant donnés deux dièses à la clef, si la note finale du morceau est un *ré* ou un *la*, on est en *ré majeur*; si, au contraire, cette note finale est un *si* ou un *fa* ♯, on est en *si mineur*. De même, si l'on voit apparaître le *la* ♯, *sensible altérée* de *si mineur*, et qui est une note tout à fait étrangère au ton de *ré majeur*, le morceau sera en *si mineur*.

CHAPITRE IV.

DE LA TRANSPOSITION.

Il arrive souvent que l'on ne peut exécuter un morceau de musique dans le ton où il se trouve écrit, par exemple, lorsque ce morceau renferme des notes trop élevées ou trop basses pour la voix d'un chanteur. — On se sert alors de la *transposition*.

Transposition. — La transposition consiste donc à élever ou à baisser d'un ou de plusieurs tons un morceau de musique donné.

Il faut distinguer deux sortes de transpositions : la transposition *écrite* et la transposition *à vue*.

Transposition écrite. — La transposition *écrite* se fait par le changement de notes.

Pour transposer une page de musique, *en écrivant*, il faut :

1° Examiner le ton nouveau dans lequel on veut transposer et armer la clef des accidents inhérents à ce ton;

2° Élever ou abaisser les notes d'autant de degrés qu'il y a d'intervalles entre le ton à transposer et le ton transposé;

3° Faire bien attention aux modifications qu'apporte la transposition aux notes diésées ou bémolisées, et avoir soin que l'on retrouve, dans la phrase transposée, les mêmes demi-tons que dans la phrase primitive.

Dans un ton *bémolisé* que l'on transpose en un ton *diésé*, les ♮ deviennent ♯ et les ♭ deviennent ♮.

Dans un ton *diésé* que l'on transpose en un ton *bémolisé*, les ♮ deviennent ♭ et les ♯ deviennent ♮.

En un mot, il faut qu'il y ait toujours la même progression de tons et de demi-tons. Exemple :

Si nous voulons transposer un demi-ton plus haut cette phrase en *la* ♭, nous l'écrivons ainsi dans le ton de *la* (ton diésé) :

Soit, au contraire, la phrase suivante en *ré majeur :*

Si nous voulons l'abaisser de deux tons, nous l'écrivons ainsi en *si* ♭ :

Transposition à vue. — La transposition *à vue* se fait par le changement de clefs. Nous avons vu, dans la première partie de ce traité (chap. 1, § 3), qu'il y a trois sortes de clefs : la clef de sol 𝄞, la clef de *fa* 𝄢 et la clef d'*ut* 𝄡 . Le moment est venu d'étudier ces diverses clefs plus en détail.

Pour la transposition *à vue*, on se sert :

1° De la clef de *sol* 𝄞, se posant sur la 2ᵉ ligne ;

2° De la clef de *fa* 𝄢, se posant sur la 3ᵉ et sur la 4ᵉ ligne ;

3° De la clef d'*ut* 𝄡 , se posant sur la 1ʳᵉ, sur la 2ᵉ, sur la 3ᵉ et sur la 4ᵉ ligne. Exemple :

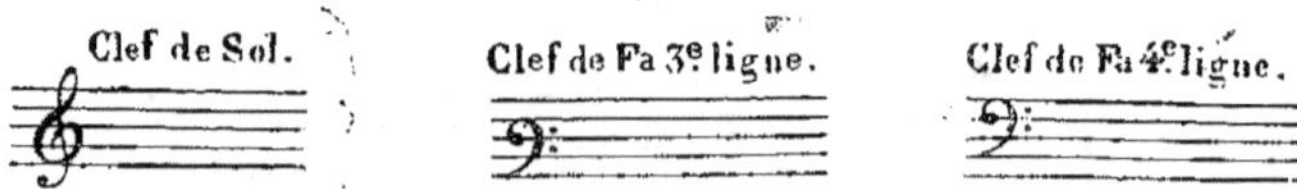

Clef d'Ut.

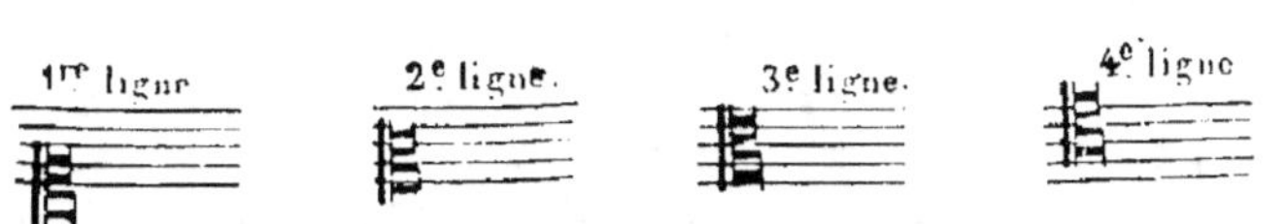

On remarquera, d'après ces différentes clefs, qu'une seule note peut, sans changer de place sur la portée, représenter successivement les sept notes de la gamme. Exemple :

De même, au moyen de ces clefs, une seule note de la gamme peut occuper chaque ligne et chaque interligne de la portée. Exemple :

Ceci étant bien compris, la théorie de la transposition *à vue* est d'une extrême simplicité. Il suffit, en effet, de changer mentalement, par la supposition d'une autre clef, le nom des notes sans changer leur position sur la portée. Pour cela, on choisira la clef au moyen de laquelle la *tonique* du morceau *à transposer* prend le nom de la *tonique* du morceau *transposé*. Exemple :

Si l'on veut hausser d'un ton cette phrase, qui est en *ut* majeur, elle se trouvera transposée en *ré*. Or, de quelle clef faut-il se servir pour que la même note qui représente la tonique *ut*

(clef de *sol*) puisse représenter la tonique *ré?* — De la clef d'*ut*, troisième ligne. Il faudra donc, pour hausser d'un ton l'exemple précédent, le lire comme s'il était écrit de cette manière :

Au contraire, si l'on veut baisser d'un ton et transposer la phrase à la *seconde inférieure,* il faut lire en *si* ♭, avec la clef d'*ut*, quatrième ligne :

Même phrase à la tierce mineure inférieure, en *la majeur*, clef d'*ut*, première ligne :

A la tierce majeure inférieure, en *la* ♭, même clef :

A la quinte inférieure, en *fa*, clef d'*ut*, deuxième ligne :

A la tierce majeure supérieure, en *Mi majeur*, clef de *Fa*, quatrième ligne :

A la tierce mineure supérieure, en *Mi* ♭, même clef :

A la quarte inférieure, en *Sol*, clef de *Fa*, troisième ligne :

Les principes de la transposition sont, on le voit, très faciles à énoncer et à comprendre ; mais il faut, pour bien les appliquer, une longue étude et une constante pratique. Ce n'est que par l'usage que l'on arrive à transposer rapidement et sans fautes.

EXERCICES A PLUSIEURS VOIX

OFFRANT UNE RÉCAPITULATION GÉNÉRALE DES PRINCIPES DE LA MUSIQUE.

CHŒUR de JUDAS MACHABÉE
à 2 voix égales.

G. F. HÄNDEL.

1ᵉ Cet exemple étant extrait d'un chœur avec accompagnement, nous avons cru pouvoir, cet accompagnement se trouvant supprimé, modifier quelques notes de la deuxième partie, pour restituer à l'harmonie sa basse réelle. Ces notes sont marquées d'un astérisque.

TRIO extrait de COSI FAN TUTTE

W. A. MOZART.

Andᵗᵉ moderato.

AVE VERUM

à 4 voix

_ ce pro ho _ mi _ ne: Cu _ jus la _ tus
Cru _ ce pro ho _ mi _ ne: Cu _ jus la _ tus
Cru _ ce pro ho _ mi _ ne: Cu _ jus la _ tus
Cru _ ce pro ho _ mi _ ne: Cu _ jus la _ tus

per _ fo _ ra _ tum Un _ da flu _ xit et
per fo _ ra _ tum Un _ da flu _ xit et
per fo _ ra _ tum Un _ da flu _ xit et
per fo _ ra _ tum Un _ da flu _ xit et

san _ gui _ ne. Es _ to no _ bis
san _ gui _ ne. Es _ to no _ bis
san _ gui _ ne. Es _ to
san _ gui _ ne. Es _ to

præ - gus - ta - tum In mor - - - tis ex -
præ - gus - ta - tum In mor - - - tis ex -
no - bis præ - gus - ta - tum In mor - tis ex -
no - bis præ - gus - ta - tum In mor - tis ex -

- a - mi - ne, In mor -
- a - mi - ne, In mor -
- a - mi - ne, In mor -
- a - mi - ne, In mor -

- tis ex - a - mi - ne.
- tis ex - a - mi - ne.
- tis ex - a - mi - ne.
- tis ex - a - mi - ne.

QUESTIONNAIRE

NOTIONS PRÉLIMINAIRES.

Qu'est-ce que la *musique*? — En combien de parties se divise l'apprentissage d'une langue quelconque? — Comment se divise l'enseignement de la musique?

PREMIÈRE PARTIE.

Principes élémentaires.

Qu'appelle-t-on *notation*? — Combien y a-t-il de sortes de *signes*? — Que représentent-ils?

CHAPITRE I.

SIGNES D'INTONATION.

Qu'appelle-t-on *signes d'intonation*? — Quels sont-ils?

§ 1. Des notes.

Qu'appelle-t-on *note*? — Combien y a-t-il de notes? — Nommez-les. — Quel nom donne-t-on à l'ensemble des sept notes? — Qu'est-ce qu'un *intervalle*? — Combien distingue-t-on d'*intervalles*? — Quels peuvent être les divers aspects de la *gamme*? — Combien y a-t-il d'*intervalles* dans la *gamme*? — Qu'est-ce qu'un *ton*? — Qu'est-ce qu'un *demi-ton*? — Combien y a-t-il de *tons* et de *demi-tons* dans la gamme? — Où sont-ils placés? — Combien peut-on construire de gammes différentes?

§ 2. De la portée.

Qu'appelle-t-on *portée*? — A quoi sert la *portée*? — Combien la *portée* a-t-elle de *lignes* et d'*interlignes*? — Comment se comptent les *lignes* et les *interlignes*? — Qu'appelle-t-on *lignes supplémentaires*? — Où place-t-on les *notes*?

§ 3. Des clefs.

Qu'est-ce qu'une *clef*? — Combien distingue-t-on de sortes de *clefs*? — Où se placent les différentes *clefs*?

§ 4. Des accidents.

Qu'est-ce qu'un *accident?* — Combien y a-t-il de sortes *d'accidents?* — Quand le *dièse* et le *bémol* sont-ils *constitutifs?* — Quand sont-ils *accidentels?* — Le *bécarre* peut-il être *constitutif* et *accidentel?* — Quel effet produisent le *double dièse* et le *double bémol?* — Qu'appelle-t-on gamme *diatonique*, gamme *chromatique*, demi-ton *diatonique*, demi-ton *chromatique?*

CHAPITRE II.

DES SIGNES DE DURÉE.

Qu'appelle-t-on *signes de durée positive*, *signes de durée négative?* — Que signifie la *forme* des notes? — Combien compte-t-on de *formes* de notes? — Indiquer le rapport de *valeur* des notes entre elles. — Qu'appelle-t-on valeurs *binaires*, valeurs *ternaires*, valeurs *simples*, valeurs *composées?* — Quelle est la fonction du *point* placé après une valeur? — A quoi sert le *double point?* — Pourquoi fait-on usage de la *liaison?* — Qu'appelle-t-on *tenue?* — Qu'est-ce que le *triolet?* Comment se marque-t-il? — Qu'est-ce que le *sixain* ou *sixtiolet?* Comment se marque-t-il? — Combien compte-t-on de formes de *silences?* — Indiquer le rapport existant entre les *valeurs de notes*, signes de durée positive, et les *silences*, signes de durée négative. — Que signifient le *point* et le *double-point*, placés après un *silence?* — Les *silences* peuvent-ils entrer dans la composition du *triolet* et du *sixain?*

De la mesure.

Qu'appelle-t-on *mesure? Barre de mesure? Double barre? Temps* de la mesure? — Combien peut-on former de *mesures?* — Qu'est-ce que les mesures *simples* ou *binaires?* — Qu'est-ce que les mesures *composées* ou *ternaires?* — Énumérez les différentes mesures *simples* ou *binaires* à 4 temps, à 3 temps, à 2 temps, et expliquez le mécanisme de leur formation. — Comment marque-t-on ces différentes mesures? — Que signifie le *chiffre fractionnaire* qui exprime chaque mesure? — Nommez les mesures *simples* ou *binaires* qui sont en usage. — Énumérez les différentes mesures *composées* ou *ternaires* à 4 temps, à 3 temps et à 2 temps. — Comment se marquent ces différentes mesures? — Que signifie le *chiffre fractionnaire* qui exprime chaque mesure *composée* ou *ternaire?* — Nommez les différentes mesures *composées* ou *ternaires* qui sont en usage. — Qu'est-ce que *battre la mesure?* — Comment se battent les différentes espèces de mesures? — Qu'appelle-t-on *temps forts* et *temps faibles* de la mesure? Où sont-ils placés? — Qu'appelle-t-on *partie forte* et *partie faible* du temps? — Qu'est-ce que la *syncope?* — Qu'est-ce que le *contre-temps?*

Qu'appelle-t-on *mouvement?* — Comment s'indique le mouvement en musique? — Qu'est-ce que le *métronome?* — Quel est son usage? — Qu'est-ce que le *rythme?*

CHAPITRE III.

DES SIGNES D'EXPRESSION.

Qu'est-ce que l'*expression* musicale? — Par quoi indique-t-on l'*expression?* Qu'appelle-t-on *legato?* — Qu'est-ce que le *staccato?* — Qu'est-ce que le *louré?* — Comment se marquent ces trois signes d'expression?

CHAPITRE IV.

DES ORNEMENTS ET DES ABRÉVIATIONS.

A quoi servent les *ornements, agréments* ou *fioritures?* — Quels sont les principaux *ornements* employés en musique? — Qu'est-ce que l'*appoggiature?* Comment s'écrit-elle? — Qu'est-ce que le *gruppetto?* Comment s'écrit-il? — Qu'est-ce que le *mordente?* Comment s'écrit-il? — Qu'appelle-t-on *port de voix?* — Qu'est-ce que le *trille?* Comment se marque-t-il? — Par quoi s'indiquent les diverses terminaisons du *trille?* — Qu'appelle-t-on *point d'orgue? point d'arrêt?*

A quoi servent les *abréviations?* — Quels sont les principaux *signes abréviatifs?* — Quel est l'effet du *signe de reprise?* des *signes de renvoi?* — Qu'appelle-t-on *coda?* — Qu'est-ce que l'*arpège?* — Combien y a-t-il de *bâtons de mesure?* Quel est leur effet?

DEUXIÈME PARTIE.

Principes complémentaires.

CHAPITRE I.

ÉTUDE DE LA GAMME.

Quelles diverses appellations donne-t-on aux *notes* de la gamme? — Combien y a-t-il d'*intervalles?* — De quoi se compose chaque *intervalle?* — L'unisson est-il un *intervalle?* — Qu'appelle-t-on intervalles *simples, composés; supérieurs, inférieurs; naturels* ou *diatoniques, altérés* ou *chromatiques; majeurs, mineurs, justes; diminués, augmentés?* — Comment renverse-t-on un *intervalle?* — Que deviennent, étant *renversés,* les intervalles de *seconde,* de *tierce,* de *quarte,* de *quinte,* de *sixte,* de *septième, d'octave?* — Que devient l'unisson *renversé?* — Exprimez par un tableau de chiffres le *renversement* des différents intervalles. — Que devient, étant renversé, un intervalle *majeur? mineur? augmenté? diminué? juste?*

CHAPITRE II.

DE LA TONALITÉ.

Qu'entend-on par *tonalité?* — Toutes les notes de la gamme peuvent-elles devenir la *tonique* d'une gamme? — Que faut-il faire pour *constituer* un ton ou une gamme? — Citez les différents *tons* ou *gammes,* en indiquant leurs *altérations constitutives.* — Qu'appelle-t-on *armature* ou *armure?* - Où se trouve placé, dans les tons diésés, le dernier dièse constitutif? — Où se trouve placé, dans les tons bémolisés, le dernier bémol constitutif? — Quel est l'ordre de succession des dièses et des bémols constitutifs? — Comment reconnaît-on l'armature de la clef pour un ton donné? — Comment connaît-on la tonalité, indiquée par les accidents qui se trouvent à la clef? — Qu'appelle-t-on *enharmonie,* notes *synonymes,* tons *synonymes?* — De combien de tons se sert-on en musique?

CHAPITRE III.

DE LA MODALITÉ.

Qu'entend-on par *modalité?* — Par quoi est déterminée la modalité d'un ton? — Combien de *modes?* — Par quoi est caractérisé le *mode majeur?* — Par quoi est caractérisé le *mode mineur?* — Expliquez les irrégularités que l'on remarque dans la formation de la gamme *mineure ascendante.* — Quelle est la gamme-type des tons *majeurs?* — Quelle est celle des tons *mineurs?* — Énumérez les divers tons *mineurs* en mentionnant, pour chacun d'eux, les accidents constitutifs.

Dans les tons *mineurs diésés,* où se trouve placé le dernier dièse constitutif? — Dans les tons *mineurs bémolisés,* où se trouve placé le dernier bémol constitutif? — Quel est l'ordre de succession, dans les tons *mineurs,* des dièses et des bémols constitutifs?

Qu'appelle-t-on *tons relatifs?* — Citez le *ton relatif mineur* de chaque ton *majeur.* — Citez le *ton relatif majeur* de chaque ton *mineur.* — Lorsqu'un ton *majeur* devient *mineur,* change-t-il d'accidents *constitutifs?* — Étant donnée l'armature de la clef d'un morceau, à quels signes distingue-t-on la *modalité* de ce morceau?

CHAPITRE IV.

DE LA TRANSPOSITION.

En quoi consiste la *transposition?* — Comment se fait la *transposition écrite?* — Comment se fait la *transposition à vue?*

VOCABULAIRE

DES TERMES USITÉS EN MUSIQUE

ET QUI NE SONT PAS EXPLIQUÉS DANS LE COURS
DE CET OUVRAGE.

ACCOMPAGNEMENT. On donne ce nom à la réunion des accords qui soutiennent une mélodie quelconque, exécutée soit par des voix, soit par des instruments. L'accompagnement peut être fait également par des voix ou par des instruments. Par exemple, la *Valse de Faust* (2ᵉ acte) est accompagnée et par les chœurs et par l'orchestre.

L'*accompagnement au piano* nécessite la connaissance de l'harmonie et beaucoup de goût naturel.

L'*accompagnement de la partition* demande en plus une grande rapidité de lecture, qui permette d'embrasser, d'un seul coup d'œil, l'ensemble des parties vocales et instrumentales, de les suivre dans leurs mouvements et leurs dessins variés et de les reproduire avec exactitude sur l'instrument accompagnateur (piano ou orgue). C'est assez dire qu'il faut joindre à une sérieuse science harmonique une connaissance approfondie de l'instrumentation.

ACCORD. On appelle *accord* la réunion de plusieurs sons différents qui se font entendre simultanément. On nomme *harmonie* la science qui préside à la production et à l'enchaînement des accords.

ACCORDER. On accorde les instruments en les ramenant tous à un même ton, qui est donné par le *diapason*.

ACOUSTIQUE. C'est la partie de la physique qui traite de la *théorie des sons*. Par extension, on donne aussi le nom d'*acoustique* à l'ensemble des propriétés sonores d'une salle quelconque. On dira, par exemple : *L'acoustique de ce théâtre est déplorable.*

ADAGIO. Mot italien qui indique un mouvement assez lent, posé. On donne aussi le nom d'*adagio* au morceau même, dans lequel règne ce mouvement. Exemple : « *L'adagio de cette symphonie de Beethoven est d'une onction pénétrante.* »

AD LIBITUM. Ces deux mots signifient *à volonté*. On les emploie, comme signes de mouvement, pour marquer que le degré de vitesse ou de lenteur, qui doit régler l'exécution du morceau, est laissé au goût et au choix de l'exécutant.

Lorsqu'on rencontre ces mots *ad libitum* dans une partition d'orchestre, ils indiquent que la partie sur laquelle ils sont placés n'est pas nécessaire et qu'on peut la supprimer sans déranger l'harmonie. Enfin, dans les passages d'une exécution difficile, on écrit souvent deux phrases l'une sous l'autre : la première, compliquée ; la seconde, simplifiée. Les mots *ad libitum* indiquent au musicien qu'il peut exécuter, à *volonté*, celle de ces deux phrases qui lui plaira le mieux.

AIR. Nom générique, que l'on donne à beaucoup de morceaux de musique, exécutés par une voix seule ou par un instrument seul. Au théâtre, on appelle *air* un morceau de chant important, qui est divisé ordinairement en plusieurs parties, nommées *cantabile*, *andante*, *largo*, *allegro*, etc., suivant le mouvement indiqué pour l'exécution. L'*air* se termine le plus souvent par une *coda* rapide et brillante.

On nomme *air de bravoure* celui dans lequel le compositeur a introduit des difficultés d'exécution, destinées à faire briller le talent de l'artiste.

Les *airs d'église* sont composés sur des paroles empruntées à la liturgie.

Les *airs* à danser se nomment *airs de danse* ou *airs de ballet*.

ALLEGRO. Mot italien, indiquant un mouvement rapide. Par extension, on donne aussi le nom d'*allegro* au morceau même qui doit être exécuté avec ce mouvement : *un allegro de symphonie*.

ALTO. Instrument à cordes, qui tient le milieu entre le violon et le violoncelle. La musique pour l'*alto* s'écrit avec la clef d'ut troisième ligne.

ANCHE. Languette en bois ou en métal, dont la vibration produit les sons de la clarinette, du hautbois, du basson, du cor anglais, du saxophone et de l'accordéon. L'orgue et l'harmonium emploient aussi des tuyaux à anches.

ANDANTE. Nom donné, par extension, au morceau qui doit être exécuté avec le mouvement *andante*.

ARCHET. Long morceau de bois dur, auquel se trouvent fixés des crins de cheval, que l'on peut tendre à volonté. On enduit ces crins de colophane et ils servent à faire vibrer les cordes du violon, de l'alto, du violoncelle et de la contre-basse, appelés, pour ce motif, *instruments à archet*. L'*archet* était autrefois recourbé en forme d'arc ; de là vient son nom.

ARIETTE. *Air* de petites dimensions ou d'un mouvement plus léger. On a donné autrefois le nom de *comédies à ariettes* aux pièces de théâtre, mêlées de chant, que l'on appelle maintenant *opéras-comiques*,

AUBADE. Morceau de musique exécuté le matin, à l'*aube*, sous les fenêtres de quelqu'un.

BALLET. Ensemble de danses et de pantomimes, intercalées dans un opéra ou formant même, à elles seules, une œuvre dramatique et musicale. Les danseurs et danseuses constituent ce que l'on appelle le *corps de ballet*.

BARCAROLLE. Nom donné aux chants des gondoliers de Venise. Par extension, on a donné le nom de *barcarolles* à des morceaux chantés qui sont écrits dans le mouvement et dans le rythme particuliers à ces airs des bateliers vénitiens. Les *barcarolles* de *Guillaume Tell* (Rossini) et de la *Muette de Portici* (Auber) sont célèbres. La *barcarolle* s'écrit ordinairement à *six-huit*.

BARYTON. Voix d'homme, qui tient le milieu entre le *ténor* et la *basse*. La musique, pour voix de *baryton*, s'écrit sur la clef de *fa*, 4e ligne. La voix de baryton s'étend depuis le *la*, 1re interligne de la portée (clef de *fa*, 4e ligne), jusqu'au *sol* au-dessus de la portée.

BASSE. Ce mot a, en musique, plusieurs significations. On appelle *basse :*

1° La partie inférieure de l'harmonie, sur laquelle reposent les accords. Lorsqu'elle est surmontée de chiffres indiquant les accords, on l'appelle *basse chiffrée*.

2° Dans un chœur, les *basses* sont les voix les plus graves. Dans un orchestre, on donne le nom de *basses* à l'ensemble des instruments qui exécutent la basse de l'harmonie ; ce sont les violoncelles, contrebasses, ophicléides, bassons, trombones, etc.

3° La *basse* est la plus grave des voix d'hommes. Elle s'écrit avec la clef du *fa*, 4e ligne, et s'étend généralement du *fa* au-dessous de la portée (clef de *fa*, 4e ligne) jusqu'au *mi* au-dessus de la portée.

BASSE-TAILLE. Nom que l'on donne parfois à la voix de *baryton*.

BATTERIE. Voyez QUATUOR.

BOLÉRO. Air espagnol, chanté ou dansé. Il s'écrit à 3 temps et est accompagné presque toujours d'une guitare ou mandoline et de castagnettes.

BOURDON (FAUX-). On appelle *fauxbourdon* le plain-chant harmonisé à trois ou à quatre voix, sans employer les dissonances et les artifices de l'harmonie moderne.

CABALETTE. Phrase d'un mouvement précipité, qui termine complétement un morceau.

CANON. Composition harmonique pour les voix, où chaque partie reproduit ou imite une mélodie donnée. On connaît le *canon* de *Frère Jacques, dormez-vous ?* qui est devenu populaire.

CANTABILE. Nom que l'on donne à un morceau d'un sentiment doux et d'un mouvement assez lent.

CANTATE. Scène de courte dimension, composée de récitatifs, d'airs, duos ou trios. La *cantate* doit être écrite pour trois voix au plus.

CANTILÈNE. Romance d'un sentiment doux et naïf.

CARILLON. Ensemble de cloches de différentes grandeurs, que l'on frappe soit avec un maillet, soit au moyen d'un clavier. Il y a de très beaux carillons à Dunkerque, à Rouen, à Reims, etc.

CAVATINE. On appelle ainsi, dans une œuvre dramatique, un morceau de chant important, une sorte d'*air*, précédé d'un *récitatif*, et dont l'exécution est confiée à un rôle important (homme ou femme). La cavatine est ordinairement d'un mouvement *andantino* ou *cantabile*.

CHAMBRE (Musique de). On a groupé, sous ce nom générique, tous les genres de composition musicale, pour voix ou instruments, qui ne sont pas écrits pour l'orchestre et ne sont pas destinés à la scène, tels que : les sonates, quatuors, quintettes, duos, trios, romances, cantates, concertos, etc.

CHANSONNETTE. Petite chanson comique, dont les couplets sont souvent entremêlés de parties parlées et déclamées par le chanteur. En italien, *canzonetta*, petite chanson.

CHANT. Émission de la voix humaine avec inflexions variées. L'*art du chant* enseigne le moyen de bien poser et de bien diriger la voix suivant les règles du goût.

On donne aussi le nom de *chant* à la partie *mélodique*, dans une composition harmonisée ; la partie har-

monique prend alors le nom d'*accompagnement*.

CHANTERELLE. On appelle ainsi la corde la plus mince dans les instruments à cordes.

CHAPELLE. Ensemble des musiciens qui exécutent, dans une église, soit de la musique moderne, soit du plain-chant harmonisé. La *chapelle* se nomme aussi *maîtrise*. Le chef de musique prend le titre de *maître de chapelle*. La *chapelle Sixtine*, à Rome, a conquis une grande célébrité par l'excellence de ses exécutions musicales.

CHŒUR. Morceau de musique à plusieurs parties ; ces parties peuvent être à l'unisson ou harmonisées. Les chœurs peuvent être accompagnés ou sans accompagnement. Les chœurs sont, le plus souvent, à trois parties *soprano, ténor* et *basse*, ou à quatre parties *soprano, mezzo-soprano, ténor* et *basse*).

CLAVIER. Nom donné à l'ensemble des touches du piano et de l'orgue. Dans le grand orgue, les grosses touches de bois, mises en mouvement par le pied de l'organiste, forment le *clavier de pédales* ou *pédalier*. Les orgues de grandes dimensions ont souvent jusqu'à cinq *claviers à main* superposés.

CODA. Du latin *cauda*, queue. Phrase qui termine complétement et brillamment un morceau.

COMPOSITEUR. Auteur d'œuvres musicales. En Italie, le compositeur s'appelle *maestro*; dans les autres pays, principalement en Allemagne, les *compositeurs* ont reçu le nom de *maîtres de chapelle*.

COMPOSITION. On appelle ainsi la production d'œuvres musicales. La *composition* est un art très complexe, qui nécessite la connaissance approfondie de la *mélodie*, de l'*harmonie* et de l'*instrumentation*. Ces connaissances, qui forment le côté scientifique de la *composition*, doivent être mises au service d'un goût pur et d'une imagination variée.

CONCERT. Exécution de morceaux de musique soit vocale, soit instrumentale, par des musiciens réunis.

CONCERTANT. On appelle *concertant* tout morceau de musique instrumentale exécuté par un ou plusieurs instruments, avec accompagnement d'orchestre. Lorsque ces instruments se taisent, l'orchestre joue seul et relie ainsi, entre elles, les diverses parties *concertantes*.

CONCERTO. Ce terme désignait autrefois une composition musicale pour voix et instruments réunis, que l'on exécutait soit au concert, soit à l'église. Aujourd'hui, on appelle *concerto* un morceau assez long, contenant diverses parties, d'allure et d'expression différentes, et destiné à faire briller les talents d'un virtuose. Ce n'est donc guère qu'un long solo accompagné par l'orchestre.

CONTRALTO. La plus grave des voix de femme. La partie de *contralto* s'écrit avec la clef d'*ut* 3e ligne. Les belles voix de *contralto* sont fort rares.

CONTREDANSE. Ancien nom du *quadrille*. La contredanse est divisée en plusieurs parties ou figures, appelées *pantalon, été, trénitz, pastourelle, chassé-croisé* et *galop*.

Ces diverses figures, d'un mouvement animé, s'écrivent à *deux-quatre* ou à *six-huit*.

COTILLON. Danse très mouvementée, agrémentée de figures et de pantomimes, qui termine un bal.

DÉCHIFFRER. Lire la musique, principalement quand on exécute un morceau *à première vue*, sans l'avoir étudié.

DESSUS. On appelle ainsi la partie la plus aiguë dans un chœur de femmes ou d'enfants.

DIAPASON. C'est un instrument composé d'une petite lame d'acier, recourbée en forme d'U. Lorsqu'on la fait résonner, elle produit un son, le *la*, qui sert à accorder ensemble tous les instruments. Le *diapason* n'est pas le même pour tous les pays; celui dont l'usage est le plus universellement répandu est le *diapason* de l'Opéra de Paris, qui donne 870 vibrations par seconde.

DILETTANTE. Terme italien, qui indique un amateur passionné de musique.

DOIGTÉ. Art de poser et de faire mouvoir ses doigts sur les instru-

ments à touches (piano, orgue), à cordes (violon, harpe), à trous (flageolet), à clefs (clarinette), à piston (cornet, bugle), etc.

DUETTO. Petit duo.

DUO. Morceau de musique à *deux* parties, exécuté par des voix ou par des instruments.

FANFARE. Air militaire ou air de chasse. On appelle aussi *fanfare* une société musicale composée exclusivement d'instruments de cuivre, la petite flûte exceptée.

FANTAISIE. Morceau de musique instrumentale, composé soit d'airs originaux, soit de motifs empruntés à des œuvres déjà connues. Ce genre de composition n'a pas de règles spéciales; il demande spécialement beaucoup de verve, et une grande sûreté de goût.

FARANDOLE. Danse du midi de la France, d'un mouvement très animé. La *farandole* s'écrit à *six-huit*.

FAUCET (Voix de). Nom donné à la voix de tête, par opposition à la voix de poitrine. *Faucet* vient du latin *fauces*, qui signifie *gorge, gosier*. C'est donc une faute grossière d'écrire *voix de fausset*, comme on ne le fait que trop souvent.

FESTIVAL. Grande fête musicale donnée par de nombreux exécutants, chanteurs ou instrumentistes.

FINALE. On appelle ainsi, dans un morceau de musique à plusieurs parties, la dernière de ces parties.

On appelle *finale*, dans un opéra, le morceau important qui termine un acte d'une façon éclatante et mouvementée. Le mot *finale* est du masculin. Il s'écrit *final* ou *finale* indifféremment.

FUGUE. Composition musicale dans laquelle une phrase de peu d'étendue, appelée *thème* ou *sujet*, est reproduite par d'autres parties, à différents intervalles. Cette *reproduction* du *sujet* a reçu le nom de *réponse*. La *fugue* est astreinte à des lois très rigoureuses et nécessite de sérieuses connaissances harmoniques.

GALOP. Nom d'une danse à 2 temps, d'un mouvement très vif. Auber a introduit, dans son opéra de *Gustave III*, un *galop* devenu célèbre.

GIGUE. Danse anglaise vive et animée. Elle s'écrit à *six-huit*.

HALLALI. Fanfare de chasse annonçant la curée.

HARMONIE. On appelle ainsi la science qui traite de la production et de l'enchaînement des accords.

On donne aussi le nom d'*harmonie* au groupe d'instruments à vent (flûtes, clarinettes, hautbois, etc.), qui font partie d'un orchestre.

HARMONIE (Table d'). Planche légère sur laquelle sont fixées les cordes sonores de la harpe et du piano.

HAUTE-CONTRE. Nom donné à la plus aiguë des voix d'homme; elle est plus basse que le *contralto* et plus élevée que le *ténor*.

INSTRUMENTATION. C'est l'art d'écrire la musique pour les instruments, pris en groupe ou isolément.

INTONATION. Émission du son vocal.

INTRODUCTION. Phrase musicale de peu d'étendue, préludant au morceau principal. On donne aussi le nom d'*introduction* à un morceau symphonique de courte durée qui, dans un opéra, tient lieu d'*ouverture*.

LIBRETTO. Nom donné au poème sur lequel un compositeur écrit une *partition*.

LIED. Mot allemand qui signifie *chanson, romance*.

LUTH. Instrument composé de six, huit, dix cordes et même davantage. Fort en usage autrefois, il est aujourd'hui complètement abandonné.

MAESTRO. Nom donné aux compositeurs, en Italie.

MANDOLINE. Petit instrument à trois ou à cinq cordes, usité surtout en Espagne. Mozart a introduit, dans la sérénade de *Don Juan*, un piquant accompagnement de *mandoline*.

MARCHE. Morceau de musique destiné à régler le pas d'une procession, d'un cortège, d'une troupe en marche. Les *marches* s'écrivent à 4 temps. La *marche religieuse* du *Prophète*, de Meyerbeer, est très célèbre. Le mouvement de *marche* s'indique par les mots italiens *tempo di marcia*.

MAXIME. Ancienne note de musique de très longue durée. Elle n'est plus usitée.

MAZURKA. Danse originaire de Pologne. Elle s'écrit à 3 temps.

MEDIUM. Notes formant le milieu de l'étendue d'une voix ou d'un instrument. C'est ainsi que l'on dit : « Ce ténor a un bon *medium*. »

MENUET. Ancienne danse fort en faveur autrefois. Elle s'écrivait à 3 temps et était d'un mouvement élégant et cérémonieux. On donnait aussi le nom de *menuet* à une partie de la symphonie, qui venait après l'*andante* et qu'on appelle aujourd'hui le *scherzo, tempo di minuetto*, mouvement de menuet.

MESSE. Œuvre musicale, écrite sur les paroles liturgiques de la messe.

MONOCORDE. Instrument qui servait à apprécier et à fixer les rapports des sons entre eux. Il se composait d'une corde de boyau ou de métal que l'on raccourcissait à volonté pour obtenir des sons plus ou moins aigus.

MOTET. Petit morceau vocal, composé sur des paroles empruntées à la liturgie.

MOTIF. Phrase mélodique, qui domine principalement dans un morceau.

MUSETTE. Instrument de musique d'un caractère pastoral. On appelle aussi par extension, *musettes*, des morceaux composés pour cet instrument ou empreints du sentiment naïf et champêtre qui lui est propre.

NOCTURNE. Morceau à plusieurs voix, d'un caractère tendre et d'un mouvement lent et gracieux. On a fait aussi des *nocturnes* pour piano seul et pour des instruments concertants.

OCTAVIER. Donner un son à l'octave supérieure, par suite d'un souffle trop fort (pour les instruments à vent) ou d'un coup d'archet trop brusque (pour les instruments à corde).

OFFERTOIRE. Morceau de musique exécuté pendant la messe, après le *Credo*.

OPÉRA. Drame lyrique mis en musique, sans intervalles parlés ou dialogués. Dans l'*opéra-comique*, la parole se trouve mêlée au chant.

On a donné aussi, par extension, le nom d'*Opéra* et d'*Opéra-comique* aux théâtres mêmes dans lesquels se jouent ces deux genres.

OPÉRETTE. Opéra-comique d'un caractère léger et parfois burlesque.

ORATORIO. Œuvre musicale pour voix et instruments, composée sur des sujets religieux, tels que *la Passion*, de Bach ; *Judas Machabée*, de Haendel ; *la Création*, de Haydn, etc.

ORCHESTRE. Partie du théâtre où se trouvent placés les musiciens. On donne aussi le nom d'*orchestre* à l'ensemble des musiciens qui exécutent ou accompagnent, sur des instruments, une œuvre musicale. *Orchestrer*, c'est écrire un morceau pour les instruments composant un *orchestre*. L'art d'orchestrer s'appelle *orchestration*.

ORGUE. Il y en a de deux espèces : les *orgues à tuyaux* ou *grandes orgues*, et les *orgues à anches libres* ou *orgues expressifs*, appelés aussi *harmoniums*.

ORPHÉON. Société chorale. Le premier *orphéon* fut fondé en 1833, à Paris, par Wilhem.

OUVERTURE. Morceau symphonique, qui commence une œuvre lyrique ou dramatique.

PARTITION. Réunion, sur une seule page, de toutes les parties qui composent une œuvre musicale (voix et instruments). On réduit souvent pour piano et chant ces *partitions*, appelées *partitions d'orchestre* ou *grandes partitions*. Elles ne contiennent alors que la partie vocale avec un accompagnement de piano, dans lequel on a condensé toutes les parties instrumentales. On réduit aussi la partition pour *piano seul*.

PAS REDOUBLÉ. Marche militaire d'un mouvement rapide. Le *pas redoublé* s'écrit à *deux-quatre* ou à *six-huit*.

PASTORALE. Morceau de musique d'un caractère champêtre.

PÉDALE. Note tenue, que l'on prolonge pendant un certain nombre de mesures et sur laquelle on fait passer une série d'accords différents.

On donne aussi le nom de *pédale* à un mécanisme que l'on fait mouvoir avec le pied et qui rend les sons du piano plus voilés ou plus éclatants.

Dans les grandes orgues, on se sert aussi de *pédales* pour accoupler les claviers, faire parler les jeux, ouvrir ou fermer la boîte d'expression. Enfin, l'organiste a sous les pieds un clavier correspondant aux jeux les plus graves de l'instrument. On l'appelle *clavier de pédale* ou *pédalier*.

PERCUSSION (Instruments de). On donne ce nom aux instruments que l'on frappe pour les faire retentir, tels que : tambour, cymbales, timbales, grosse-caisse, triangle, etc.

PIZZICATO. Ce terme italien indique que les cordes du violon, violoncelle ou basse doivent être pincées avec les doigts et non frottées par l'archet. Au pluriel, des *pizzicati*.

POLKA. Danse importée de Bohême en France en 1840. Elle s'écrit à *deux-quatre*.

PONT-NEUF. Air de vieux vaudeville.

PRÉLUDE. Ensemble de quelques phrases, que l'on fait entendre avant d'attaquer le morceau principal.

QUARTETTO. Petit quatuor.

QUATUOR. Composition musicale pour *quatre* voix ou pour *quatre* instruments. Le quatuor peut être accompagné par l'orchestre.

Le *quatuor pour instruments à cordes* se compose d'un premier et d'un second violon, d'un alto et d'un violoncelle.

La masse des instruments à cordes, dans l'orchestre, s'appelle aussi *quatuor*, de même que la masse des instruments à vent s'appelle *harmonie* et la masse des instruments à percussion, *batterie*.

QUINTETTE. Composition musicale pour *cinq* voix ou pour *cinq* instruments.

RANZ DES VACHES. Air populaire suisse, que jouent les bergers en rentrant leurs troupeaux.

RÉCITATIF. Déclamation musicale, non assujettie à une mesure rigoureuse, et qui relie entre eux les différents morceaux d'une œuvre lyrique ou dramatique. Le *récitatif* est soutenu, de temps en temps, par quelques accords de l'orchestre. Lorsque l'orchestre coupe le *récitatif* par des phrases symphoniques, on donne à celui-ci le nom de *récitatif obligé*.

REDOWA. Danse à 3 temps, d'un mouvement assez modéré.

REQUIEM. Messe des morts, mise en musique. Parmi les messes de *Requiem* célèbres, on peut citer celles de Palestrina, de Mozart, de Berlioz, de Verdi et de Lenepveu.

RITOURNELLE. Petite phrase d'accompagnement, qui précède une mélodie, la suspend ou en annonce le retour.

ROMANCE. Petit poème, divisé en couplets et mis en musique. La *romance* est d'un caractère tendre, naïf ou langoureux.

RONDEAU. Petite pièce musicale, dont le motif se reproduit plusieurs fois après différentes phrases suspensives.

ROULADES. Traits brillants et rapides, exécutés par un chanteur sur une seule syllabe.

SCHERZO. Nom donné à une des parties de la symphonie. Voyez MENUET.

SÉRÉNADE. Composition musicale, pour voix ou instruments, que l'on exécute le soir, pour charmer ou honorer quelqu'un. La *sérénade* est principalement en usage en Espagne et en Italie.

SEXTUOR. Composition musicale pour *six* voix ou *six* instruments. Le *septuor* est composé pour *sept* voix ou *sept* instruments.

SOLFÈGE. On donne ce nom à la réunion des principes et des exercices nécessaires pour apprendre la lecture musicale.

SOLMISATION. Action de *solfier*, de chanter les notes suivant les principes de solfège.

SOLO. Phrase musicale exécutée par une voix *seule* ou un instrument *seul*. Ce mot sert aussi à désigner, dans un orchestre, les artistes les plus habiles chargés d'exécuter les *solos*. On dit ainsi : un *violon solo*, une *flûte solo*, etc.

SONATE. Composition musicale assez étendue, écrite spécialement pour un instrument. La *sonate* se divise en plusieurs parties, que l'on appelle *allegro*, *adagio*, *andante*, *presto*, *rondo*, *scherzo*, *menuet*, *finale*, etc.

SONATINE. Petite sonate.

SOPRANO. La plus aiguë des voix de femme et d'enfant. On l'appelle aussi *dessus*. Le *mezzo-soprano* est une voix de femme moins élevée que le *soprano* et plus élevée que le *contralto*.

SORTIE. Grand morceau brillant, que l'organiste exécute pendant que les fidèles sortent de l'office.

SOURDINE. On appelle ainsi certains petits objets que l'on ajoute aux instruments pour en *assourdir* le son. On dit alors : *jouer en sourdine*. La *sourdine* est faite au piano par une des deux pédales, appelée *pédale sourde* ou *douce*. L'emploi de la *sourdine* s'indique par les mots italiens : *con sordini*.

STRETTE. Une des parties de la fugue. Le mot *strette* indique aussi la partie la plus brillante et la plus rapide d'un *finale*.

SYMPHONIE. Grande composition musicale pour orchestre. Elle est divisée ordinairement en quatre parties : *allegro*, *andante* ou *adagio*, *menuet* ou *scherzo*, *rondo* ou *finale*. Beethoven, Mozart, Haydn ont laissé des modèles achevés de *symphonie*.

On appelle *morceau symphonique* une composition assez peu étendue, qui doit être exécutée par l'orchestre *seul*.

TAILLE. Ce mot désignait autrefois la voix d'homme intermédiaire entre la *basse* et la *haute-contre*. On appelait *basse-taille* ce que nous appelons aujourd'hui *baryton* et *haute-taille* ce que nous appelons *ténor*.

TAMBOURIN. Sorte de long tambour, que l'on frappe d'une main avec une baguette, tandis que, de l'autre main, on joue d'un petit flageolet à trois trous appelé *galoubet*.

TÉNOR. C'est la plus élevée des voix d'homme. La partie de ténor s'écrit en clef de *sol* ou en clef d'*ut*, 4e ligne.

Le *fort ténor* est celui qui chante les premiers rôles de *ténor* dans les opéras. Le *ténor léger* est celui qui chante les seconds ténors d'opéra ou les ténors d'opéra-comique. Le *trial* (nom d'un ancien acteur) chante les ténors comiques dans les opéras-comiques ou opérettes. On appelle *tenorino* un ténor dont la voix n'offre que peu de force et peu d'étendue.

Terzetto. Petit trio.

Tetracorde (du grec *tetra*, quatre). Chaque gamme est divisée en deux *tétracordes*. Le premier comprend les quatre premières notes de la gamme (*do, ré, mi, fa*), le deuxième les quatre dernières (*sol, la, si, do*). Ces deux *tétracordes* sont semblables, les tons et les demi-tons occupant la même place.

Thème. Même signification que *motif*.

Timbre Propriété sonore d'une voix ou d'un instrument. Les instruments et les voix ont chacun un *timbre* différent. La connaissance des *timbres* et l'art de les grouper constituent une des principales difficultés de l'orchestration.

Trait. Succession de notes, rapide et brillante, exécutée par des voix ou par des instruments.

Transcription. Arrangement, pour un instrument, d'un morceau écrit pour le chant ou pour l'orchestre.

Trémolo. Tremblement du son, obtenu par une répétition rapide.

Trio. Composition musicale pour *trois* voix ou *trois* instruments, avec ou sans accompagnement.

On donne aussi le nom de *trio* à la seconde partie d'un *scherzo* de symphonie et à la seconde partie d'un morceau pour orchestre ou fanfare, après laquelle on reprend le *motif* de la première partie.

Tutti. Mot italien qui signifie *tous*. Il indique la participation de tous les instruments et de toutes les voix à l'exécution du morceau.

Tyrolienne. Chanson du Tyrol. Elle s'exécute en alternant rapidement la voix de tête et la voix de poitrine.

Valse. Danse à 3 temps, originaire d'Allemagne.

Variations. Agréments ou fioritures dont on enjolive un motif, d'abord exécuté simplement. Les *variations* sont destinées à faire briller la virtuosité d'un artiste.

Viole. Nom générique de plusieurs instruments à cordes et à archet, autrefois en usage.

Virtuose. Chanteur ou instrumentiste d'une habileté remarquable.